LA SOCIETÀ DELLA VERITÀ

LEO

Al mio migliore amico.

INDICE

I

I PRINCIPI

L'INDIVIDUO

Nosce te ipsum

La Vita è l'insieme degli individui. L'Individuo è un essere vivente composto di corpo e spirito. Il corpo è l'entità materiale vivente che manifesta condizioni o compie atti frutto del proprio patrimonio genetico, di riflessi, di pensiero e di volontà. Lo spirito è l'entità unica, non replicabile, originatrice di pensiero, dotata di volontà e coscienza di sé (Soggetto) e dell'ambiente (Oggetto). Tra l'atto di volontà dello spirito e l'esecuzione da parte del corpo, si concepisce un insieme di funzioni di coordinamento e memoria: la mente.

Prescindendo dalla natura materiale o immateriale dello spirito, è inteso che esso coincida con l'Individuo in senso proprio: l'*Io* o *individuo-individuo*. Se si clonasse il corpo di un individuo umano, si produrrebbe un corpo dotato di patrimonio genetico identico a quello del primo. Lo stesso non varrebbe per lo spirito, dal momento che (come minimo) la coscienza e la volontà, condizionate dalle esperienze vissute da ciascun individuo, non sarebbero identiche. Le differenze nella personalità dei gemelli monozigoti, ossia dotati del medesimo patrimonio genetico, ne sono una prova e, anzi, manifestandosi fin dai primi anni di vita, mostrano che le esperienze non sono il fattore discriminante.

La differenza primaria tra un individuo umano ed uno animale (o vegetale) è la prevalenza dello spirito sul corpo. L'Uomo agisce principalmente in base al pensiero, l'animale all'istinto (una "miscela" di fattori genetici e pensiero elementare), le piante alla propria struttura chimico-fisica (o *fenotipo*, ossia l'espressione del patrimonio genetico). L'evoluzione della Vita è concepibile come il passaggio graduale dalla materia senza pensiero (inanimata) al pensiero senza materia (puro spirito).

Le religioni e alcune filosofie sostengono l'eternità dello spirito, nel qual caso l'evoluzione sarebbe il processo intercorrente tra (1) il contatto tra materia e puro spirito e la loro successiva separazione (se la materia fosse eterna) o (2) la creazione della materia da parte del puro spirito e la sua distruzione da parte del puro spirito (se la materia fosse temporanea).

Prova della coesistenza di corpo e spirito sono i conflitti tra questi. Gli impulsi fisici che suscitano attrazione sessuale verso individui diversi dal proprio partner collidono con il sentimento spirituale di amore e fedeltà. La necessità di uccidere altri esseri viventi per il sostentamento del corpo si scontra con la compassione.

Che la Terra sia l'unico luogo ad ospitare la Vita, in un Universo contenente un numero stimato di stelle nell'ordine delle decine di migliaia di miliardi di miliardi (10,000,000,000,000,000,000,000), nel solo Universo osservabile, è perlomeno improbabile. Ogni essere vivente nell'Universo, a prescindere dalla proporzione delle sue componenti corporea e spirituale, è un Individuo.

L'UNIVERSO

Gli individui agiscono in uno o più *universi*. Un universo è un insieme di enti dotato di caratteri e leggi comuni a tutto l'insieme. Un ente è qualcosa o qualcuno che *è*, esiste (etimologicamente è participio presente del verbo "essere").

L'universo che l'Uomo comunemente percepisce attraverso i sensi fisici, composto di spazio, tempo, massa ed energia, è qui designato *Universo 1*. Il corpo dell'individuo appartiene all'Universo 1. Lo spirito e la sua volontà e consapevolezza, se immateriali e pertanto non misurabili nell'Universo 1, appartengono ad un altro universo, qui designato *Universo 0*. È possibile che tutti gli spiriti appartengano all'Universo 0 o che ciascuno spirito sia padrone di un proprio Universo 0, nel qual caso condividerebbe esperienze comuni con altri spiriti (*comunicazione*) in universi condivisi di durata variabile: uno di questi sarebbe l'Universo 1.

Lo spazio, il tempo, la massa e l'energia inanimate mostrano un comportamento totalmente inerziale: il loro cambiamento è mero frutto di eventi precedenti in successione risalenti ad un *Primo Evento*, nel caso in cui l'Universo 1 abbia un'origine finita nel tempo, senza variazioni né eccezioni. Gli unici cambiamenti non inerziali (e quindi imprevedibili) osservabili sono originati da atti di volontà degli esseri viventi, a meno che si dimostri il nesso di causalità tra il Primo Evento e l'intero pensiero complesso di un individuo al tempo presente. Da ciò discendono le concezioni per cui il Primo Evento sia stato causato da un atto di volontà.

Attraverso l'osservazione di fenomeni ad alta velocità di movimento, si sarebbe scoperto che il rapporto tra spazio e velocità non sia lineare: all'aumentare della velocità, lo spazio si comprimerebbe ed il tempo rallenterebbe, dal punto di vista dell'ente in movimento. Più o meno sorprendentemente, tale circostanza potrebbe facilitare notevolmente la conquista dell'Universo 1 da parte degli esseri viventi e permetterebbe la *comunicazione* di messaggi pressoché inalterati tra punti reciprocamente remoti dell'Universo 1.

La comprensione dell'origine e della natura dell'Universo 1 è l'obiettivo della Ricerca sull'Oggetto.

LO SCOPO

Qualsiasi *attività* condotta senza uno scopo è inconcludente e *cessa*. Una civiltà priva di scopo decade e si estingue. Lo scopo motiva ed allinea gli sforzi individuali e collettivi.

Gli esseri viventi condividono lo scopo *istintuale* di sopravvivere, che li mantiene in vita. È lo scopo più elementare, al limite del paradosso: lo scopo stesso di non cessare. È un tratto essenziale della Vita, che altrimenti sarebbe un fenomeno istantaneo piuttosto che duraturo. È uno scopo indeterminato, in quanto raggiunto temporaneamente ad ogni momento presente di sopravvivenza, ma rinnovato indefinitamente per ogni successiva minima unità di tempo futura e pertanto irraggiungibile in modo definitivo.

L'idea che la Vita sia fine a se stessa non pare gradita all'Uomo, che a livello individuale o collettivo si è sempre prefisso scopi alternativi, più o meno correlati con la sopravvivenza: la salvezza dell'anima, il Paradiso, il Nirvana, l'eternità dello spirito, il piacere, il denaro, il potere, la gloria, la pace, la conquista dell'Universo, la famiglia, la felicità, la conoscenza, la fama, la giustizia, l'arte, l'estetica, la competenza e così via. La discrepanza tra lo scopo *razionale* e quello istintuale è un esempio ulteriore del conflitto tra lo spirito ed il corpo.

La sequela di celebri artisti morti prematuramente dopo la fama e la longevità di filosofi e scienziati assetati di conoscenza mostrano la relazione tra scopo e cessazione individuale, oltre ad esemplificare l'effetto dello scopo razionale sul raggiungimento di quello organico.

Gli esseri viventi in quanto entità collettiva, così come l'Umanità, mancano di uno scopo razionale comune coscientemente e generalmente accettato. Gruppi di individui hanno storicamente stabilito scopi parziali, trovando spesso nello scopo di altri un motivo di ostilità. Le specie viventi note, diverse dall'Uomo, non sono nemmeno progredite ad un grado di prevalenza dello spirito sul corpo tale per cui siano capaci di formulare uno scopo razionale comune, cosicché tale compito spetterebbe comunque alle specie più evolute.

Stabilire uno scopo per l'intera società vivente arruola ogni gruppo e individuo nella stessa squadra. Ogni individuo, nella più semplice delle sue funzioni, contribuisce allo sforzo generale verso il raggiungimento dello scopo comune. Ogni individuo, quando sufficientemente cosciente di sé, è orgoglioso del suo contributo, è motivato ad adempiere il suo dovere e desidera che lo scopo sia raggiunto.

L'articolo 4, comma 2, della Costituzione della Repubblica Italiana sancisce che:

> Ogni cittadino ha il dovere di svolgere, secondo le
> proprie possibilità e la propria scelta, una attività o
> una funzione che concorra al progresso materiale o
> spirituale della società.

Lo Scopo della Società della Verità è il raggiungimento del massimo grado di benessere per ciascun individuo (soggetto). Questo è misurato in termini di Felicità, Capacità, Conoscenza e Libertà, non in termini di condizioni materiali (oggetto), le quali possono rappresentare uno strumento, non uno scopo. Lo Scopo misura il Progresso ed il regresso in termini di avvicinamento e allontanamento dal suo raggiungimento. Il Progresso è graduale e la sua velocità è dettata dai mezzi disponibili.

Il massimo grado di benessere concepibile è un potenziale stato di divinità: l'essere tutto, con Felicità, Capacità, Conoscenza e Libertà totali. È la completa prevalenza dello spirito sulla materia. A rigor di logica, al raggiungimento dello Scopo, l'attività che lo ha perseguito cessa, cosicché ad esso corrisponderebbe la fine della Vita in quanto coesistenza di spirito e corpo.

La Società è uno *strumento* per il raggiungimento dello Scopo. È una struttura concettuale per l'organizzazione degli sforzi individuali al servizio della realizzazione del potenziale personale.

Lo Scopo è raggiunto attraverso l'ottenimento e l'applicazione della Conoscenza, in due sensi: la Conoscenza dell'Individuo (il Soggetto) e la Conoscenza dell'Universo (l'Oggetto).

La scienza formale ha fatto passi relativamente ampi negli ultimi tre secoli, ma evidentemente non ha ancora penetrato il nucleo dell'oggetto né del soggetto. Essa continua a scontrarsi con il concetto di infinità dell'Universo: nello spazio, come assenza di confini, e nel tempo, come assenza di causalità. Perfino nel modello del Big Bang, *causa* prima supposta dell'Universo, si presuppone una disponibilità di energia pre-esistente. Il problema della causalità si manifesta anche in ambito soggettivo: l'origine della Vita le è sconosciuta.

Nella Società della Verità, la Conoscenza del Soggetto e la Conoscenza dell'Oggetto sono impiegate per migliorare la condizione degli individui, non per sottometterli.

⸫

LA SOCIETÀ

La Società è intesa come un sistema organizzativo di individui e gruppi fondato sulla *cooperazione* e sulla *divisione delle funzioni*. È il risultato concettuale di una quantità elevatissima di accordi espressi o taciti tra individui (il cosiddetto *patto sociale*). La Società ha la funzione di facilitare il raggiungimento dello Scopo, in seguito al quale è destinata a cessare.

La cooperazione allinea e somma gli sforzi dei singoli verso il raggiungimento dello Scopo. Per cento bambini, il tiro alla fune contro un campione olimpico di sollevamento pesi sarebbe una passeggiata. Se si considera che la popolazione umana conta quasi otto miliardi di individui, si coglie il suo immenso potenziale in uno stato di cooperazione.

La divisione delle funzioni contribuisce all'efficienza delle attività condotte per il perseguimento diretto o indiretto dello Scopo, poiché ciascuno investe le proprie risorse nell'apprendimento di competenze specifiche per produrre risultati *professionali*. Con gli attuali mezzi educativi, insegnare ad un individuo tutte le professioni e mestieri richiederebbe un enorme impiego di risorse e produrrebbe un dilettante, se ci si aspettasse la sua partecipazione alla forza lavoro entro i trent'anni di età. La funzione non è imposta all'individuo, bensì è acquisita secondo l'indole e la volontà.

Le società presenti e passate hanno dato esempio delle possibili carenze nei valori di divisione delle funzioni e di cooperazione, a scapito degli individui. Una società che realizza un'alta divisione delle funzioni, senza cooperazione, si ritrova con individui e gruppi che combattono tra loro e che considerano il prossimo una minaccia. Una società che si concentra molto sulla cooperazione, ma poco sulla divisione delle funzioni, è impreparata, inefficiente e disorganizzata.

La *solidarietà* è un valore spirituale universale che facilita la funzione della Società e sopravvivrà alla sua cessazione.

⸪

LA VERITÀ

La Società della Verità è la società degli esseri viventi fondata sulla Verità. In una comunità che condivide solo la verità, le relazioni interpersonali sono semplici ed il sistema economico efficiente. La fiducia è la colonna portante del mercato: massimizza il volume e la velocità dello scambio dei beni, assicurando la migliore allocazione dei mezzi necessari al perseguimento dello Scopo. Un mercato dominato dalla simmetria informativa tra i suoi operatori è efficiente ed equilibrato.

Il primo ostacolo alla realizzazione di un mondo basato sulla verità è l'incapacità di *identificare* la verità. Alcune dottrine propugnano la tesi per cui la verità non esiste e la percezione individuale degli osservatori produce un numero di "verità" relative. Il giornalismo odierno è opportunisticamente intriso del peggior relativismo e il risultato è tristemente evidente.

In realtà, il fatto che qualcuno *osservi* un evento o meno non cambia il fatto che l'evento si sia verificato o il modo in cui si è verificato. La verità di fatto è una e la sua corretta identificazione avviene attraverso la definizione accurata dell'evento e delle sue circostanze. Quando i mezzi disponibili non sono sufficienti a determinare la verità, non si dovrebbe indulgere nel pigro espediente di scegliere tra "verità" possibili e si dovrebbe accettare l'assenza di certezza in quel dato momento.

Il secondo ostacolo è l'incapacità di affrontare la verità. Questo è il reame del tabù. Talvolta la verità è dolorosa, ma se non la si osserva, la propria conoscenza sarà limitata. Le azioni basate su quella conoscenza lacunosa saranno infruttuose o deleterie.

La riluttanza ad affrontare la verità può essere sconfitta psicologicamente dalla considerazione che il fatto che si conosca o meno uno stato di cose non cambia il fatto che esso esiste ed influenza l'esistenza dell'individuo.

La capacità di affrontare la verità è una capacità graduata, diversa da individuo a individuo secondo l'indole, l'educazione e le esperienze. Su questo dato fattuale è basato il sistema d'informazione adottato nel corso della storia dalla maggior parte delle società e delle organizzazioni, in cui le verità più spiacevoli sono state "riservate" a gruppi ristretti (polizia, governanti, sacerdoti, confessori, eccetera). Una società, nel suo Progresso, aumenta la capacità dei singoli di affrontare la verità, cosicché una quantità sempre maggiore di verità diventi disponibile a tutti.

Il terzo ostacolo alla verità è il desiderio egoistico di limitare la conoscenza altrui. L'asimmetria informativa nel mercato favorisce una parte a danno dell'altra. La conoscenza è potere ed individui poco consapevoli della propria natura e dello Scopo sociale potrebbero volerlo tutto per sé. La Società della Verità è improntata alla *trasparenza* ed educa i membri sullo Scopo e sul valore del contributo individuale.

Il quarto ostacolo, a ben vedere un corollario del secondo, è la condanna della verità. Un uomo che confessi una cattiva condotta in nome della verità o in virtù della propria coscienza (non per convenienza o necessità contingenti) non dovrebbe essere rimproverato. Evidentemente è consapevole del proprio errore, senza che alcuno debba farglielo notare. Se lo si biasimasse, gli si starebbe riservando un trattamento peggiore di quello concesso a coloro i quali abbiano commesso il medesimo atto senza esserne scoperti. Una volta che l'individuo abbia ripristinato la situazione precedente alla condotta o riparato ad eventuali danni causati da questa, dovrebbe essere socialmente riabilitato. Per i delitti gravi o ripetuti, un sistema *riformativo* andrebbe comunque implementato.

Dalla Verità discendono tutti gli altri principi fondamentali della Società della Verità.

⁝

LA LIBERTÀ

La verità vi farà liberi

La *Libertà* è un principio cardine della Società della Verità. La Libertà è la facoltà di autodeterminare il proprio essere ed i propri atti materiali o immateriali. Nel corso del tempo la Libertà è stata concepita sotto molte specie: libertà personale (la persona dell'individuo non può essere sottoposta a detenzione o altre restrizioni personali se non nei casi previsti dalla legge; art. 13 Cost.), libertà di pensiero, libertà di espressione, libertà di comunicazione, libertà di movimento, libertà di riunione, libertà di associazione, libertà religiosa, libertà di cura ("[n]essuno può essere obbligato a un determinato trattamento sanitario se non per disposizione di legge"; art. 32, comma 2, Cost.), libertà di istruzione e così via. Queste declinazioni della Libertà descrivono solamente la Libertà in ambiti specifici della vita umana e non rappresentano in alcun modo dei limiti alla definizione generale di Libertà. La facoltà di autodeterminare il proprio essere ed i propri atti immateriali (intesi come pensiero e volontà) non è soggetta ad alcun limite. La facoltà di autodeterminare i propri atti materiali (intesi come qualsiasi azione che sia causa *diretta* ed *immediata* di un effetto percepibile nel mondo materiale) è soggetta al solo limite della nocività per il prossimo, ossia alla condizione che tali atti non riducano la libertà altrui, a meno che non costituiscano legittima difesa della propria Libertà. Così, non si è "liberi" di appropriarsi dei beni altrui senza il consenso

17

dell'interessato e si è *liberi* di fermare chi tenti il furto dei propri averi. Tutte le possibili fattispecie in questo senso sono regolate esaurientemente dai diritti nazionali.

Le libertà enumerate sopra attengono all'individuo e ai gruppi cui questi partecipi. Anche le Nazioni godono di libertà precipue. È principio di diritto internazionale la facoltà di autodeterminazione dei popoli (articolo 1, paragrafo 2, della Carta delle Nazioni Unite), ossia la libertà di scegliere il proprio ordinamento (autodeterminazione interna) e la libertà dalla dominazione straniera (autodeterminazione esterna), e spetta ad ogni popolo a prescindere dal fatto che costituisca uno Stato o meno.

Conoscere le proprie libertà in quanto individuo, gruppo o Nazione ed i fattori che le minacciano, così come reagire ad ogni tentativo di comprimerle, è indispensabile per la loro conservazione ed espansione.

Il contrario della libertà è la *schiavitù*, ossia la soggezione incondizionata alla volontà altrui. Tra schiavitù e libertà assoluti vi è una quantità di stadi intermedi e l'avanzamento attraverso questi, per tutti gli individui, rappresenta il Progresso di una società.

∴

LA RESPONSABILITÀ

Al fine di preservare ed espandere la propria Libertà, è necessario che ogni individuo assuma la Responsabilità di conoscere e di agire. La Responsabilità può essere definita come la capacità di considerare un oggetto, azione o idea come *propri* e normalmente agire di conseguenza (gli anglofoni esprimono questo concetto anche con il termine *ownership*, "proprietà"). Agli antipodi della Responsabilità vi è l'*estraneità*. La Responsabilità, dopo la Verità, è il fattore più critico per la sorte di una Nazione. Thomas Jefferson scrisse:

> Se una nazione si aspetta di essere ignorante
> e libera, in uno stato di civiltà, si aspetta ciò
> che non è mai stato e che mai sarà. I funzionari di ogni governo hanno propensioni a
> comandare a volontà la libertà e la proprietà
> dei loro elettori. Non c'è deposito sicuro per
> queste se non con le persone stesse; né possono essere al sicuro con loro senza informazione. Dove la stampa è libera e ogni uomo capace di leggere, tutto è sicuro.

Le Costituzioni delle Nazioni civili sanciscono che la *sovranità* appartiene al *popolo*. Le stesse Costituzioni hanno istituito degli organi (lo Stato in senso stretto) incaricati di rappresentare la volontà espressa dalla maggioranza della popolazione ed agire in base ad essa. Il diritto di sovranità, per essere conservato in un regime di democrazia indiretta, implica la Responsabilità in capo all'individuo di mantenersi cosciente dell'operato degli organi statali e dei fatti inerenti alla *res publica*, nonché di reagire ai tentativi di comprimere tale diritto.

D'altronde, una "democrazia" può essere configurata in modo da *deresponsabilizzare* l'individuo, per errore o intenzionalmente. Un assetto costituzionale che limiti, formalmente o di fatto, le modalità di intervento dell'individuo sulla sfera pubblica rappresenta un tentativo di deresponsabilizzazione. Quando si educa un bambino o un lavoratore alla responsabilità, gli si impartiscono istruzioni e gli si affidano compiti via via più complessi, finché sarà competente, indipendente e *responsabile*. Al contrario, il metodo diabolicamente perfetto per rendere un individuo *irresponsabile* è privarlo di informazione e funzioni nella comunità: l'individuo si sente estraneo ad essa, non la percepisce come propria e non se ne cura.

Quando uno Stato fa minimo o nessun ricorso ai referendum, non è trasparente sulla sua gestione politica e finanziaria, impiega un linguaggio incomprensibile all'uomo medio o riduce il pluralismo democratico ad uno sterile bipartitismo, l'elettore diventa *spettatore*. Se non si reagisce prontamente a questo meccanismo, con il passare del tempo l'individuo si estrania completamente dalla politica e regredisce alla sudditanza. In effetti, la "democrazia" di troppi Paesi è diventata tanto indiretta che gli individui percepiscono lo Stato come un'entità che esercita la *sua* sovranità su di loro.

La deresponsabilizzazione è un circolo vizioso: meno si partecipa alla sovranità, meno si è informati e competenti e, di conseguenza, meno si è *in grado* di partecipare alla sovranità. Il risultato finale è un individuo politicamente inetto, così impreparato sulle questioni pubbliche che se venisse reinvestito del suo potere prenderebbe probabilmente le decisioni sbagliate: il pretesto perfetto, per il politicante smanioso di accentramento, per privare definitivamente la popolazione di qualsiasi facoltà di autodeterminazione.

La Responsabilità è un valore imprescindibile anche per gli individui che compongono gli organi statali. Le cariche pubbliche non sono semplici professioni: sono missioni. I funzionari pubblici di qualsiasi grado sono depositari della democrazia e del benessere della Società. Nell'esercizio del loro ufficio, essi *rappresentano* a tutti gli effetti la comunità e devono agire nell'interesse esclusivo di questa.

L'aspetto più confortante dell'esistenza è che qualsiasi condizione in cui si versi è il risultato dei propri atti od omissioni. Quando lo si realizza, si riacquista il proprio potere. Quando i membri di un popolo mal governato riconoscono la propria Responsabilità individuale, possono cogliere agevolmente due verità fondamentali: nessun sistema politico od economico sopravvive senza il *consenso* individuale ed essi hanno il potere di negare il proprio in qualsiasi momento.

L'individuo medio nella società è lavoratore, elettore, consumatore e seguace. Per quanto possa o preferisca considerare la propria posizione ininfluente, ricopre in realtà le funzioni strutturalmente *necessarie* al sostentamento del sistema sociale. I "potenti" bramano il suo consenso; se così non fosse, essi non si affannerebbero a cercare di convincerlo con campagne politiche, pubblicità commerciale e propaganda mediatica dal budget miliardario.

II

IL MODELLO SOCIALE

La Società della Verità è un modello sociale che persegue lo Scopo ed è informato ai principi fondamentali di cui sopra. Di seguito sono delineate le linee guida ed alcune soluzioni attuabili da subito o nel prossimo futuro. Ogni cambiamento dalla realtà attuale a quella desiderata avviene in maniera *graduale*, ad una velocità dettata dai mezzi disponibili e dal contributo individuale. Man mano che la Società si avvicina al raggiungimento dello Scopo, struttura e funzionamento si adattano alle nuove circostanze, in conformità alle linee guida.

Fintantoché negli Individui dimora il conflitto tra componente corporea e spirituale, le soluzioni da loro concepite possono costituire un compromesso tra le due. La soluzione migliore in ogni dato momento è quella che produce il maggiore avvicinamento allo Scopo. Al raggiungimento dello Scopo non vi è conflitto: non vi è Libertà in presenza di conflitto.

LA RICERCA

Lo strumento primario per il raggiungimento dello Scopo è la Ricerca. Essa è intesa come l'attività teorica e/o pratica di investigazione del soggetto (l'Individuo) o dell'oggetto (l'Universo). Essa deve mirare all'ottenimento di nuova Conoscenza utile allo Scopo. "Ricerche" in altre direzioni sono uno spreco di risorse, ma in effetti ben poche ricadono in questa categoria e la maggior parte di esse contribuisce, seppur poco o indirettamente, al conseguimento di Conoscenza utile. L'impiego di risorse deve comunque essere proporzionale all'utilità attesa della ricerca medesima.

Nella Società della Verità, il fine *non* giustifica i mezzi: la libertà individuale non è sacrificata in nome della Ricerca. Una società i cui individui non nutrano alcun interesse per la Conoscenza è semplicemente destinata ad estinguersi e ad essere rimpiazzata da una società meglio atta al Progresso.

La Conoscenza, una volta ottenuta, deve essere *conservata*. La perdita della Conoscenza è una forma gravissima di inefficienza e di regresso. La distruzione della Conoscenza è uno dei peggiori crimini. L'implementazione di un sistema di raccolta, classificazione e conservazione di *tutta* la conoscenza umana è prioritaria.

L'intero assetto della Società è configurato in funzione della promozione della sua attività più importante: la Ricerca della Conoscenza.

·
=

L'ISTRUZIONE

La Conoscenza è resa disponibile agli individui tramite l'Istruzione. Gli individui *applicano* la Conoscenza per il raggiungimento dello Scopo. Per condurre ulteriore Ricerca, l'individuo è istruito sulla Conoscenza ottenuta precedentemente. La Conoscenza è la fonte primaria di potere e l'Istruzione assicura che la disuguaglianza cognitiva tra gli individui non sia troppo marcata. La Conoscenza e, quindi, l'Istruzione permettono all'individuo di pensare e scegliere in maniera libera, critica ed indipendente.

Di seguito è enunciato un modello indicativo di sistema educativo attuabile al tempo di questo scritto. La sua funzione è esprimere i principi costanti che dovrebbero informare l'Istruzione (logicità, adogmaticità, pensiero critico, individualizzazione e così via), mentre le forme di applicazione di tali principi (tipi e fasi dell'Istruzione) sono relativamente arbitrarie e circostanziali.

L'Istruzione si distingue in formale e libera. La prima è regolata dalla legge. Essa è imperniata sui principi di logica e pluralità delle fonti e non impone dogmi. È divisa in tre fasi: Fondamentale (uguale per tutti), Vocazionale (materie a scelta) e Superiore (universitaria o equivalente). Le prime due sono obbligatorie. Una volta acquisite le nozioni di base, quali leggere e scrivere, i calcoli elementari ed un vocabolario fondamentale, gli studenti procedono lungo il programma didattico individualmente, secondo il proprio passo, pur entro un limite massimo e minimo di tempo. Il secondo garantisce che l'individuo prenda parte alle normali attività sociali e ricreative, necessarie al suo sviluppo personale, e che la competizione non soppianti la vera finalità dell'Istruzione: la trasmissione della Conoscenza per il raggiungimento dello Scopo. Se avanza del tempo di studio, questo è occupato con la pratica: l'esperienza materiale è sempre utile all'affinamento delle proprie abilità, anche per il miglior professionista. L'individuo può sempre attendere all'Istruzione libera al di fuori dell'orario di Istruzione formale, nei modi e tempi che preferisce.

I supporti didattici primari sono i libri, i laboratori ed i mezzi multimediali (video, software interattivi e simili). L'impiego di questi ultimi è soggetto a tutte le precauzioni necessarie per prevenire la cosiddetta sindrome da schermo elettronico (vertigini, mal di testa, affaticamento della vista, eccetera). Supporti didattici secondari sono conferenze, viaggi e qualsiasi altro mezzo utile ed adeguato. Durante le ore di studio, i Tutor sono presenti ed aiutano gli studenti quando questi abbiano dubbi o difficoltà.

L'Istruzione individuale è più efficace dell'insegnamento tradizionale per varie ragioni. Essa, secondo il presupposto che ogni individuo è unico e diverso da qualunque altro, previene l'appiattimento sociale che deriva dal costringere gli individui più o meno dotati dell'individuo medio alla velocità e ai contenuti tollerati da quest'ultimo: l'Istruzione deve permettere a ciascun individuo di esprimere il proprio potenziale massimo.

Individui della stessa età biologica possono avere livelli di maturità molto diversi. La maturità non è misurata in termini di esperienze, ma quale grado di consapevolezza di sé e degli altri, frutto o meno di esperienza. Ogni persona è degna di pari considerazione e rispetto, a prescindere dalla propria età.

L'insegnamento orale ad una classe non può essere "fermato e riavvolto", cosicché una porzione più o meno consistente delle informazioni viene persa durante la trasmissione all'individuo.

L'insegnamento tradizionale è soggetto all'errore umano, qualora l'insegnante stesso non comprenda o conosca appieno un concetto che deve insegnare. Il termine stesso "insegnamento" suggerisce un'attività passiva da parte dello studente ed una sua posizione subordinata rispetto ad un individuo "più colto". L'Istruzione, al contrario, deve essere una funzione *attiva*, il cui protagonista è lo studente. I professionisti dell'Istruzione, in quanto funzionari pubblici o al pari di essi, non svolgono semplicemente un lavoro, bensì una *missione* di valore sociale. Essi devono essere selezionati per conoscenza *teorica* e competenza *pratica* comprovate. Il valore del loro contributo alla società è tra i più elevati e la loro remunerazione deve esservi proporzionata.

L'Istruzione formale, in particolare quella Vocazionale, deve includere una quantità di pratica almeno pari alla teoria. La teoria è appresa attraverso attività quali la lettura, l'ascolto e l'osservazione. La pratica è svolta tramite scrittura e conversazione (nell'apprendimento della lingua), esercizio matematico, disegno, esercizi in laboratorio, lavoro, impiego di strumenti professionali e così via.

Al tempo di questo scritto, è ragionevole dedicare 40 ore settimanali all'Istruzione formale. Se tale limite è raggiunto, l'assegnazione di compiti a casa non è permessa.

L'Istruzione formale obbligatoria è costituita da tre parti: Istruzione Sociale, Professionale e Generale. L'Istruzione Sociale è impartita a tutti gli individui con lo stesso contenuto e tratta i Fondamenti della Società (lo Scopo, i valori fondamentali e così via), i diritti e doveri dell'individuo all'interno di essa e l'assetto politico ed amministrativo. Ogni individuo deve essere cosciente del sistema sociale cui partecipa.

In ottemperanza al criterio di *divisione delle funzioni*, l'Istruzione Professionale è impartita in base alla vocazione e alla libera scelta dell'individuo. La funzione dell'individuo nella Società è un aspetto basilare del suo sviluppo personale e della sua maturazione. L'Istruzione Professionale è prevista anche per i licei, ossia le scuole di preparazione all'Istruzione Superiore non obbligatoria, e include le nozioni essenziali delle professioni rilevanti per l'indirizzo di studio. L'ammissione all'Istruzione Superiore non è vincolata all'indirizzo scelto per l'Istruzione Vocazionale, ma può essere subordinata all'ottenimento di un titolo intermedio propedeutico: l'individuo ha sempre la possibilità di "rivedere" la propria vocazione.

L'Istruzione Generale alimenta la cultura individuale e comprende le classiche materie scolastiche: le lingue, la matematica, la storia e così via. Il fine dell'Istruzione Generale è un individuo dotato di conoscenza sufficiente ad osservare, valutare ed agire in maniera indipendente nell'ambiente che lo circonda.

⁚

IL GOVERNO E
L'AMMINISTRAZIONE

LA DEMOCRAZIA

Democrazia è sinonimo di *sovranità popolare*, dal greco *dê-mos* "popolo" e *krátos* "potere, sovranità". È considerata correntemente come la forma di governo in cui la sovranità appartiene al popolo, che la esercita direttamente (democrazia diretta) o tramite rappresentanti eletti liberamente (democrazia indiretta).

Si può argomentare, a ragione, che uno Stato guidato da un uomo od un gruppo ristretto di uomini d'immensa saggezza e bontà siano forme di governo migliori delle *attuali* democrazie. Tuttavia, la società umana non ha ancora dato prova di poter identificare infallibilmente i migliori leader e questi, anche quando siano ascesi a posizioni di potere, non sono quasi mai stati in grado di instaurare un governo che li succedesse degnamente in modo duraturo.

A dir il vero, il fatto che una monarchia o un'oligarchia "illuminate" risultino più appetibili di una democrazia è indice di quanto la società sia lungi dal raggiungimento dello Scopo. In una società veramente progredita, la capacità, l'etica e l'indipendenza di pensiero individuali sono tanto elevate per cui non vi è necessità di delegare le decisioni ad un solo individuo o gruppo. Si potrebbe dire che, al raggiungimento finale dello Scopo, la capacità, la razionalità e la libertà degli individui sarebbero tali per cui la struttura sociale stessa perderebbe ogni utilità e cesserebbe. La Società è uno *strumento* per raggiungere lo Scopo ed in quanto tale non ha motivo di sopravvivere all'esaurimento della sua funzione. La democrazia stessa sarebbe superata e gli individui vivrebbero in uno stato di *Sovranità Individuale*.

L'Universo mostra una natura ciclica, a cui nemmeno le attività umane sembrano sfuggire. La democrazia è essenzialmente una fase nel ciclo dell'evoluzione dell'organizzazione umana. Questo, come ogni ciclo, ha andamento graduale, in cui ogni stadio si sfuma in quello successivo, senza soluzione di continuità. Se si considerasse convenzionalmente l'*inizio* del ciclo come la fase di sovranità individuale *conflittuale* in cui vige la legge del più forte (il cosiddetto *stato di natura*), seguirebbero, in quest'ordine: la sovranità accentrata (facente capo a "il più forte" o "i più forti" affermatisi allo stadio precedente: monarca od oligarchi rispettivamente), la democrazia (sovranità di tutti gli individui in quanto gruppo) e la sovranità individuale *razionale*, in cui il potenziale di ogni individuo è interamente realizzato, tanto che non percepisce più il prossimo come una minaccia. A questo punto, però, l'introduzione nel sistema di un fattore esterno destabilizzante (perdita di conoscenza, attacco esterno e simili) può riportare gli individui all'inizio del ciclo.

Man mano che si attraversano gli stadi del Ciclo della Sovranità, la Verità, la Libertà e la Responsabilità a disposizione dell'Individuo aumentano. A ben vedere, i tre principi non sono solo l'effetto del progresso, ma anche la sua causa. L'interessamento attivo individuale alla conoscenza e alla tutela dei diritti libertari nonché il desiderio di assumere responsabilità nella gestione della cosa pubblica sono lo stimolo primario all'avanzamento lungo il Ciclo. Al contrario, il disinteresse e l'irresponsabilità sono la ragione principale del regresso.

Dunque l'Individuo, in una società che voglia evolversi verso la Sovranità Individuale, deve dimostrarsi all'altezza della responsabilità affidatagli (per esempio dalla democrazia) per non regredire e deve aspirare e prepararsi a maggiore responsabilità per progredire. È compito essenziale del sistema educativo quello di alimentare il senso di Responsabilità individuale.

A riguardo è opportuno notare che, in diversi Paesi, ha luogo un'appassionata campagna contro l'astensionismo elettorale. Il fervore e l'unanimità con cui i politici ed i militanti in genere, di tutti gli schieramenti, sostengono questa causa è tanto eccezionale da farne trasparire la motivazione effettiva: la necessità di legittimazione. Infatti, in un sistema democratico, il voto individuale legittima il contesto politico esistente, a prescindere da quanto sia scadente o corrotto.

L'individuo che non si veda rappresentato minimamente da alcun partito o candidato, nemmeno nell'ottica di votare per il danno minore, è assolutamente libero di non recarsi alle urne. Al tempo stesso, ha la Responsabilità di agire per produrre il cambiamento che ritiene necessario.

È interessante osservare come alcuni degli anti-astensionisti più zelanti, al momento della sconfitta elettorale, mettano in discussione l'intero sistema democratico, accusando la popolazione di incompetenza ed impreparazione. La soluzione all'incapacità del cittadino, se reale, non è la regressione alla monarchia o all'oligarchia (di cui la tecnocrazia è una versione), bensì l'*educazione* dell'individuo e la riconfigurazione del sistema amministrativo e politico per renderlo più inclusivo e responsabilizzante.

La democrazia è *formalmente* adottata dalla grande maggioranza dei Paesi del Mondo, ma configurata giuridicamente e attuata in modi molto diversi. Ciascun tipo di democrazia può essere collocato in un punto preciso del Ciclo della Sovranità. Le democrazie dirette e le democrazie che avvalorano le minoranze sono quelle più prossime alla fase della Sovranità Individuale.

L'Articolo 1 della Costituzione della Repubblica Popolare Cinese istituisce uno stato socialista sottoposto alla "dittatura democratica del popolo". Per quanto l'uso dei termini "dittatura" e "democratica" possa apparire come una delle numerose contraddizioni del comunismo, la locuzione può essere letta come assoggettamento totalitario alla volontà popolare maggioritaria. Questo spoglia la minoranza di qualsiasi funzione nel processo politico. Trattandosi di democrazia indiretta, la dittatura è esercitata dagli organi di governo e, di fatto, dal Partito Comunista Cinese.

I diritti individuali riconosciuti dalle Costituzioni occidentali, discendenti dalla Costituzione americana (in particolare dalla Dichiarazione dei Diritti, contenente i primi dieci emendamenti), rappresentano traguardi monumentali e sono espressione di una razionalità ed umanità commoventi, se si considera la condizione giuridica e di fatto dell'Uomo nei millenni precedenti. Il contenuto di queste Costituzioni mostra lo sforzo dei loro autori di astrarsi dalla realtà precedente, da impulsi ed opinioni personali, per dare spazio alla ragione; non riflette certamente la consapevolezza ed il sentimento dell'uomo medio al tempo della loro redazione. Gran parte delle stesse Costituzioni sancisce tuttavia ordinamenti di democrazia indiretta che, per configurazione giuridica o per le modalità di realizzazione, hanno finito per estraniare l'individuo dallo Stato e limitare la democraticità reale dei rispettivi sistemi.

L'assenza di referendum legislativo nell'ordinamento italiano è un'assurdità *tout court*: come si può investire del potere legislativo il Parlamento, la cui unica funzione è *rappresentare* la volontà popolare, e precludere il medesimo potere al popolo, il *rappresentato*? La pretesa che i parlamentari siano dotati di maggiore sensibilità e competenza rispetto all'uomo medio non è una giustificazione accettabile. Le medesime presunte qualità sarebbero potenzialmente necessarie per l'abrogazione di una legge, che può invece essere decisa con referendum abrogativo. Il mandato di rappresentanza in capo agli eletti non potrebbe comunque permettergli di divergere dalla volontà popolare, in nome di una pretesa superiorità intellettuale. Un sistema del genere è oligarchia, non democrazia.

Altrettanto inaccettabile sarebbe giustificare tale assurdità con la *divisione delle funzioni* in nome dell'efficienza. Le leggi interessano l'esistenza di tutti gli individui e pertanto non esulano dalla sfera di competenza di questi. Il fatto che in Italia si impieghino freneticamente leggi nazionali, per regolare situazioni particolari e non fattispecie generali di interesse nazionale, è un'altra distorsione del suo assetto politico che, di fatto, svilisce tali strumenti. Impiegare le leggi ordinarie per sancire norme di dettaglio sovraccarica l'apparato legislativo e implica continue deroghe alle leggi precedenti, complicando il quadro normativo oltremodo. La legge ordinaria, nel diritto interno, è seconda solo alla Costituzione e alle leggi costituzionali nella gerarchia delle fonti normative e deve pertanto avere carattere generale e duraturo.

I Paesi occidentali forniscono anche esempi di aberrazioni *di fatto* delle rispettive democrazie. Il rigido bipartitismo americano, fondato sull'opposizione tra due ampi e consolidati schieramenti, è un'ultra-semplificazione della democrazia che limita la libertà di scelta degli elettori. Il bipartitismo inoltre facilita il controllo da parte di influenze esterne che, supportando direttamente o indirettamente entrambe le fazioni, si assicurano posizioni di potere a prescindere dal risultato elettorale.

L'abbondanza di interessi economici che gravita attorno alle cariche pubbliche ha prodotto molti politici "di professione". Alcuni di questi hanno scarsa o nessuna esperienza del mondo del lavoro e si sostentano per tutta o gran parte della propria "carriera" con funzioni politiche all'interno di organi locali o nazionali o di partiti. La loro attività primaria è la *vendita* di idee, perlopiù altrui, che comprendono o meno, in cui credono o meno, che perlopiù non realizzano, in cambio di voti. Le abilità che coltivano sono l'eloquenza, la dialettica e la strategia elettorale: l'ultima è spesso delegata a consulenti. Una delle loro poche qualità ricorrenti è l'ambizione, per quanto vana, quando non accompagnata da competenza e Scopo, e megalomane, se inetta e bramosa. La democrazia diventa così finzione al servizio dei fini personali.

La politica in molti Paesi si è ridotta ad uno spettacolo televisivo, i cui protagonisti sembrano aver dimenticato i più basilari principi di rispetto e correttezza verso il prossimo. Le varie fazioni si oppongono acriticamente alle proposte delle altre. La scena prende la forma di uno scontro fra tifoserie, come se si dimenticasse che gli interessi di *tutti* sono in gioco e che un Paese è un'unica squadra.

Diverse democrazie occidentali si trovano in una situazione di stallo dovuta a maggioranze deboli o praticamente assenti. Casuale o premeditato, il risultato è l'inefficacia della democrazia. Non vengono prese decisioni, i programmi elettorali non sono attuati, la sovranità non viene esercitata. I politici si ritrovano così nella "fortunata" condizione di percepire salari e indennità senza dover agire, assumersi la responsabilità di decisioni ed azioni o rispondere delle promesse elettorali disattese. Invece di riconoscere la gravità delle conseguenze economiche e sociali di una tale stagnazione e cercare compromessi con le altre parti, continuano ad inscenare il loro spettacolo pietoso di litigi ed ostruzionismo, atteggiandosi ad appassionati paladini di ideologie di partito in effetti scomparse da decenni. La contrapposizione di Destra e Sinistra è un concetto antiquato e artificioso, il cui unico effetto è dividere la popolazione.

L'ordinamento nazionale più vicino alla democrazia diretta, sia giuridicamente che di fatto, è quello svizzero. È il primo al Mondo per numero di referendum. È l'unico attualmente configurato come repubblica *direttoriale*, in cui un organo collegiale esecutivo (il Consiglio Federale) è formato da esponenti di ciascuno dei partiti principali e funge da Capo di Stato. Questa forma non è necessariamente la migliore, ma è una soluzione eccellente quando l'accentramento del potere da parte di un individuo minaccia la democrazia e il benessere sociale. I membri del Parlamento si riuniscono in quattro sessioni ordinarie all'anno, della durata di tre settimane ciascuna, e per il resto del tempo (salvo sessioni straordinarie) svolgono le proprie rispettive professioni. Questo favorisce il contatto con la popolazione e la consapevolezza delle esigenze del mondo del lavoro e della società in genere.

I cittadini svizzeri sono chiamati continuamente ad esprimere la propria volontà sulle questioni locali e nazionali. Il loro interessamento e la loro preparazione sui temi trattati di volta in volta dimostrano come un sistema decisionale *inclusivo* sia anche responsabilizzante. Le scelte che operano sono coscienti e dettate dall'interesse collettivo, non dal mero interesse economico individuale, come dimostra il risultato del referendum del 2018 che ha negato l'abolizione del canone radiotelevisivo. Allo stesso tempo, i cittadini sono liberi di decidere su proposte che suonerebbero fantascientifiche in altri Paesi: nel 2019 i cittadini zurighesi hanno approvato la riduzione delle imposte per le persone giuridiche.

Il pluralismo in seno al Consiglio Federale si ritrova anche a tutti gli altri livelli dell'ordinamento. Il confronto tra le parti perlopiù è orientato al rispetto e al dialogo e persegue l'accordo comune, con la consapevolezza che, se questo non è raggiunto, l'intera collettività ne risente.

LA FEDERAZIONE

Per favorire l'esercizio della sovranità popolare e la responsabilizzazione sociale e politica dei cittadini, l'amministrazione deve essere informata al principio della *decentralizzazione*.

In alcuni ordinamenti attuali, compreso quello italiano (art. 117 Cost.), le competenze degli enti locali sono concepite in senso residuale rispetto a quelle dello stato centrale. In questo paradigma "centralistico", l'assegnazione delle competenze preferisce il livello più alto (nazionale) e discende via via agli enti periferici, ai quali sono affidate funzioni minori.

In un sistema decentralizzato l'approccio è inverso: le competenze sono assegnate innanzitutto e principalmente agli enti locali. Le competenze di carattere generale o coordinativo (quali la Difesa) sono affidate ad enti sovraordinati. Sistemi simili si possono osservare in alcune repubbliche federali. La Svizzera, in particolare, fornisce di nuovo un modello esemplare: in virtù del principio di *sussidiarietà* che caratterizza il suo sistema costituzionale, le funzioni sono assegnate ad un livello sovraordinato (Cantone, Confederazione) solo qualora questo sia in grado di svolgerle in maniera sensibilmente migliore rispetto ai livelli subordinati (Comune, Cantone).

La decentralizzazione permette agli individui di partecipare direttamente ed attivamente alla gestione dell'ambiente che li circonda. Le loro espressioni di volontà trovano attuazione rapida e visibile ai loro occhi. Il loro interesse e senso di appartenenza verso la comunità sono conseguentemente rafforzati.

Ogni contesto regionale ha sue proprie esigenze e potenzialità, che rispettivamente sono affrontate e sfruttate meglio da chi meglio le conosce: le amministrazioni locali. Un sistema che raccoglie la volontà di milioni di individui appartenenti a realtà locali tanto diverse quanto quelle italiane e che, facendo una media approssimativa di tali realtà (che nemmeno conosce), tenta di escogitare soluzioni applicabili all'intero territorio nazionale è a dir poco molto meno efficiente di un sistema decentralizzato, se non totalmente fallimentare.

La federazione è l'assetto che attualmente meglio si confà al principio di decentralizzazione e si colloca in uno stadio successivo del Ciclo della Sovranità rispetto alle democrazie centralizzate, in quanto più vicino alla Sovranità Individuale. La decentralizzazione non va confusa con il feudalesimo: la gerarchia delle fonti normative resta invariata e dominata dai principi fondamentali della Costituzione, ossia i diritti degli individui.

L'assunto che un assetto federale leda l'unità di una nazione è confutato dai fatti. I sentimenti separatisti si dimostrano più vigorosi negli Stati unitari, quali il Regno Unito, l'Italia e la Spagna (è il caso di Scozia, Lombardia-Veneto, Sardegna, Catalogna, Paesi Baschi e così via), che negli Stati federali, quali gli Stati Uniti, la Germania e la stessa Svizzera, poiché qui gli interessi delle comunità locali godono di maggiore considerazione.

Tali sentimenti non scaturiscono da tendenze discriminatorie, bensì dall'assetto *fiscale*, economico e/o politico dei Paesi in considerazione.

Il razzismo è stato impiegato, per tutto il corso della storia, come giustificazione "ideologica" di movimenti sorti per ragioni economiche. Il numero di individui che disconoscono sinceramente i diritti del prossimo in nome della superiorità biologica è estremamente esiguo.

Nemmeno le differenze culturali sembrano essere la causa dei separatismi: entro i confini di alcuni Stati federali (quali il Canada e, ancora, la Svizzera) si parlano addirittura lingue diverse.

Il *separatismo* (o secessionismo) è inteso come movimento ispirato al desiderio di separarsi da una nazione a cui si appartenga per comunità di lingua, cultura, tradizioni e simili, e non va confuso con l'indipendentismo di nazioni conquistate, sottomesse o unificate da forze invaditrici.

Il separatismo presenta ovvi svantaggi. Innanzitutto è perlopiù accompagnato da sentimenti antagonistici o, come minimo, di indifferenza verso il prossimo, che limitano il potenziale individuale e collettivo. A meno che appartenga forzatamente ad una nazione depravata, ogni comunità locale, così come ogni individuo, dovrebbe ispirare la propria condotta al principio di *solidarietà*, intesa come sentimento di appartenenza ad una medesima entità. In seno ad ogni gruppo vi sono differenze. Se queste fossero risolte sistematicamente con la separazione, gli individui alla fine si ritroverebbero soli.

La frattura di una nazione può comportare ripercussioni economiche notevoli, che devono essere considerate a fianco degli effetti sperati della separazione. Essa riduce le economie di scala. A meno di un rapidissimo riassetto degli scambi (appena trasformati da nazionali ad internazionali), questi subirebbero un calo, con conseguente perdita di ricchezza (intesa come quantità disponibile di utilità economica).

È un dato di fatto che, attualmente, le maggiori Potenze globali sono anche i Paesi più estesi e/o più popolosi: non vi è dubbio che gli equilibri del Mondo sono nelle mani di Stati Uniti, Russia e Cina. La *quantità* è un fattore essenziale nell'assetto dei poteri e delle influenze. La separazione limita il peso di una nazione nello scenario internazionale e quindi la sua capacità di influenzare il cammino dell'Umanità. Tale peso deriva primariamente dalla disponibilità totale di mezzi economici e difensivi. La separazione è una misura estrema, a cui va preferita la federazione quando possibile.

Il confine tra separatismo ed indipendentismo è labile. La situazione geopolitica odierna è in gran parte il risultato di atti considerati dal pensiero contemporaneo come ingiustizie perpetrate nei confronti di nazioni preesistenti. Se ci si cimentasse nella ricostruzione di tali eventi, risalendo agli albori della civiltà umana, si finirebbe per mettere in discussione l'intero atlante.

Le situazioni del presente vanno affrontate nel presente ed in considerazione degli effetti presenti e futuri delle soluzioni elaborate, nel rispetto del principio di autodeterminazione. I popoli un tempo riuniti coattivamente che, oggi, insieme, rispondano ragionevolmente alla definizione di *nazione*, a prescindere dalle cause storiche, dovrebbero prediligere la via della federazione a ciò che, altrimenti, costituirebbe il perseguimento di una separazione piuttosto che di un'indipendenza.

In un sistema federale equo, il gettito fiscale è determinato, riscosso ed impiegato in massima parte a livello locale. Questo stimola la produzione, la cultura del lavoro e l'innovazione, poiché permette agli individui di vedere e godere direttamente dei frutti del proprio impegno. Si genera un circolo virtuoso che incrementa la ricchezza del sistema, permettendo così anche il finanziamento degli strumenti di assistenza per chi ne abbia realmente necessità. L'unico modo per aiutare le comunità meno produttive è stimolarne la cultura del lavoro e sostenerle nell'adozione di sistemi economici sani ed efficienti.

I sistemi inefficienti si trasformano o cessano per natura. La massiccia redistribuzione del gettito fiscale in favore delle aree meno produttive è doppiamente inefficace: da un lato perpetua artificialmente un sistema altrimenti destinato a modificarsi spontaneamente, dall'altro frustra l'impresa e la forza lavoro delle aree più operose, riducendone la produttività. L'individuo industrioso, a cui non sia concesso di godere di utilità proporzionate al suo contributo produttivo, non resterà tale a lungo: questa è la rovina del comunismo.

La sperequazione della ricchezza tra Nord e Sud Italia, dopo più di 150 anni di unità nazionale, è un esempio di come l'omogeneità economica sia tutt'altro che appannaggio degli Stati unitari.

La federazione è un'applicazione del principio di divisione delle competenze in ambito politico ed amministrativo. Gli enti locali dispongono di una quantità di informazioni di dettaglio molto maggiore rispetto agli organi centrali e si *specializzano* sulle questioni che si ritrovano a trattare nell'ambito del proprio territorio di competenza.

Il sistema federale permette alle comunità locali di gestire e valorizzare le loro proprie realtà efficacemente, contrastando altresì l'appiattimento sociale, ossia la semplificazione e l'omologazione della cultura, dell'economia, della conoscenza, delle tradizioni, del pensiero, delle capacità e dei costumi di una nazione. La *diversità* è un patrimonio ben noto in biologia ed è fonte di sopravvivenza e progresso.

I vantaggi del sistema federale non giustificano iniziative sovranazionali di imporre l'accorpamento di Nazioni diverse in un'unica federazione. Il diritto di autodeterminazione dei popoli è inviolabile. Qualsiasi decisione avente ad oggetto l'unione di Stati distinti dovrebbe essere adottata con referendum a *quorum* e maggioranza qualificata.

$$\therefore$$

L'ECONOMIA

I PRINICIPI

L'economia è lo scheletro di ogni società. A prescindere dalla forma che assume, la sua funzione non cambia. Essa alimenta il sostentamento della Società e dei suoi membri e la Ricerca. Essa è intesa come il complesso delle *attività produttive* collettive o individuali e degli *scambi* tra gli operatori (organizzazioni e individui).

Il risultato delle attività produttive nonché l'oggetto degli scambi è l'*utilità*: ogniqualvolta si generi nuova utilità per la Società o l'individuo, si sta compiendo un atto economicamente rilevante. Anche lo scambio risponde a questa definizione, dal momento che la volontà delle parti di scambiare beni o servizi si fonda sulla prospettiva di un incremento dell'utilità individuale: se si baratta una sedia per una lampada, significa che la lampada risulta *più utile* della sedia; lo stesso, viceversa, vale per l'altra parte, che preferisce la sedia alla lampada.

Gli oggetti materiali o immateriali dotati di utilità sono detti *beni*. Tutti gli individui sono coinvolti nell'economia per gran parte del proprio tempo, come produttori, scambiatori e consumatori di utilità. *Ricchezza* e *povertà* sono intese come abbondanza o scarsità di utilità disponibile.

L'economia dovrebbe essere informata ai principi fondamentali di Verità, Libertà e Responsabilità.

Ogni economia si fonda sulla fiducia tra gli operatori. La velocità degli scambi e quindi della creazione di nuova utilità è proporzionale alla quantità di fiducia. In assenza di fiducia, non vi sono scambi. Un'economia fondata sulla verità permette il più alto grado di fiducia nel sistema: le parti di ogni scambio hanno una perfetta conoscenza dell'utilità dei beni scambiati e possono così operare le scelte più efficienti.

La libertà economica permette anzitutto a ciascun individuo di perseguire la propria vocazione professionale. La libertà di scambio permette ai beni di circolare nel mercato ed essere impiegati al proprio massimo grado di utilità, assicurando così la migliore *allocazione delle risorse*. Ciascun bene verrà scambiato fintantoché vi sia un operatore che vi attribuisca un'utilità maggiore di quella attribuitagli dall'acquirente precedente e verrà infine *consumato* (impiegato) dall'operatore che ne può trarre la massima utilità.

Gli interventi fiscali sugli scambi possono alterare le utilità relative tra i beni (si pensi alle accise che gravano su alcuni prodotti) e di conseguenza vanno vagliati attentamente al fine di non deteriorare l'*efficienza* dell'allocazione delle risorse. L'efficienza è il rapporto tra le risorse impiegate e l'utilità ricavata. La massima efficienza è raggiunta quando la massima utilità è ottenuta con il minor impiego di risorse.

I servizi di *pubblica utilità*, ossia i servizi minimi essenziali per un'esistenza individuale e sociale attiva ad ogni dato stadio di avanzamento della Società, devono essere forniti da organizzazioni pubbliche in via non esclusiva. Essi dovrebbero includere, al tempo di questo scritto, i servizi per la comunicazione (poste e telefono/internet), l'informazione (giornali, radio, televisione), il movimento (trasporti), così come i servizi sanitari, bancari ed assicurativi individuali. In virtù della libertà economica, qualsiasi azienda è libera di operare nel mercato di questi servizi. L'organizzazione pubblica non può produrre *profitti* e non può essere sovvenzionata con il gettito fiscale. Offre i servizi a prezzo di costo (che include i costi di ricerca ed innovazione e le riserve di sicurezza), assicurandosi in questo modo un vantaggio competitivo sul prezzo rispetto agli operatori privati, pari al profitto che produrrebbe se fosse privata. La presenza delle aziende private ed il divieto di sostegno finanziario da parte dell'amministrazione pubblica esercitano una pressione costante sull'organizzazione pubblica, costringendola a perseguire l'efficienza.

I servizi sanitari ed assicurativi presentano criticità peculiari. I profitti di entrambi i settori dipendono parzialmente o interamente dal verificarsi di eventi indesiderabili. Le aziende operanti in ambito sanitario (aziende ospedaliere, farmaceutiche e così via) traggono guadagno dalle malattie e dagli infortuni degli individui. La domanda dei loro servizi è un fenomeno negativo di per sé. Al fine di evitare un conflitto tra l'interesse di privati ad una domanda ed un guadagno elevati e l'interesse collettivo al benessere degli individui, i servizi sanitari devono pertanto essere forniti anche e primariamente da organizzazioni pubbliche. I prezzi di tali servizi devono equivalere al loro costo e non essere proporzionali alla gravità della malattia o infortunio.

Parimenti, le compagnie assicurative traggono profitto dal timore che un evento negativo abbia luogo. La domanda dei loro servizi è direttamente proporzionale alla minaccia ambientale percepita. Ciò potrebbe far confliggere l'interesse collettivo alla sicurezza con l'interesse privato ad un ambiente pericoloso o percepito come tale dalla popolazione. In un tale scenario, una compagnia assicurativa potrebbe, come minimo, escludere i programmi contro la delinquenza minorile dalle proprie iniziative di patrocinio ad associazioni benefiche, per esempio. Se ha legami proprietari con aziende dell'informazione (giornali, televisioni e simili), quali degli azionisti comuni, le notizie potrebbero essere diffuse con toni più allarmanti del dovuto. Ovviamente, condotte anche gravissime possono discendere da un tale conflitto di interessi: tanto più gravi quanto più cospicui sono gli interessi economici in gioco e le pressioni che ne derivano. Come minimo i servizi assicurativi essenziali individuali e quelli obbligatori per tutti devono essere forniti anche e primariamente da organizzazioni pubbliche.

In virtù della libertà di iniziativa privata (economica e non), i servizi di pubblica utilità possono essere prestati, oltreché da organizzazioni pubbliche ed aziende private, anche da *organizzazioni private di pubblica utilità*. Queste, al pari delle organizzazioni pubbliche, sono aziende necessariamente vincolate al criterio di economicità (ossia i ricavi devono bilanciare i costi) e non possono produrre profitti. I salari e le sponsorizzazioni attive sono limitati dalla legge per evitare la perversione della loro finalità precipua. Esse sono espressione anche della libertà individuale di aiutare: l'aiuto può essere concepito come *contributo senza profitto*. Esse non possono ricevere sostegni finanziari privati né pubblici.

La libertà d'impresa è un diritto fondamentale di ogni individuo. È la libertà di intraprendere iniziative di natura economica temporanee o permanenti in maniera autonoma, impiegando mezzi propri o retribuiti (opera e capitale) e percependone i frutti direttamente. Essa garantisce la possibilità di realizzare il proprio potenziale produttivo e di godere dei risultati dei propri sforzi e meriti. Un assetto che tuteli tale diritto innesca un circolo virtuoso nel quale ciascun individuo, motivato dalla proporzionalità tra la sua opera ed i guadagni che ne trae, cerca di produrre ulteriore utilità.

L'*impresa* è lo strumento fondamentale di allocazione ed organizzazione delle risorse e quindi di produzione di utilità. L'incremento di utilità in un sistema economico a seguito della costituzione di un'impresa ha carattere esponenziale, poiché essa permette ad altri individui di costituire a loro volta imprese che producano e scambino utilità con la prima o di produrre utilità ed esserne retribuiti nella forma del lavoro subordinato.

La legge e l'amministrazione devono proteggere e promuovere, in diritto e di fatto, la libertà d'impresa ed il suo esercizio tramite una *tassazione sostenibile*, programmi di formazione adeguati, un sistema di approvvigionamento del capitale sano ed efficiente, la tutela della concorrenza e requisiti ed adempimenti amministrativi chiari e snelli. La realtà in alcuni Paesi presenta lo scenario opposto, in cui: lo Stato obera le imprese con imposte eccessive; una burocrazia appesantita ed inconsapevole della propria funzione rallenta e scoraggia l'iniziativa privata; una parte minima dell'offerta educativa è dedicata alla *creazione* di imprenditori. Le piccole e medie imprese, vincolate alla realtà locale ed incapaci (al contrario delle grandi aziende multinazionali) di deviare i profitti verso fiscalità straniere più favorevoli, periscono a scapito della concorrenza e della *diversità*: un valore essenziale anche in economia.

Il valore dell'impresa è così evidente che riesce difficile concepire che un governante possa adottare politiche che non la favoriscano o che addirittura la penalizzino, tanto più quando si tratti di economisti affermati, tanto che il dolo pare una ragione più plausibile dell'incompetenza.

Man mano che la Società si avvicina ad uno stato di Sovranità Individuale, la libertà finanziaria individuale cresce e l'impresa diviene il modello di produzione dominante, rimpiazzando il lavoro subordinato. Gli Individui diventano padroni del proprio *apporto produttivo* e lo scambiano liberamente. A ben vedere, la libertà finanziaria può essere intesa in termini pratici come una disponibilità di risorse sufficiente a permettere la libera scelta sulla destinazione di tale apporto. La libertà finanziaria è un parametro molto importante di misura del Progresso.

Un sistema che promuova l'indebitamento individuale per la soddisfazione di "necessità" consumistiche indotte, oberi i contribuenti, trascuri la formazione professionale o altrimenti diminuisca il potenziale finanziario individuale, di fatto, *limita* la libertà finanziaria, ovvero costringe l'individuo a destinare il proprio apporto produttivo ad attività che eviterebbe, a condizioni che non accetterebbe. L'individuo si ritrova intrappolato in un impiego che non lo appaga e può finire per disprezzare il lavoro e la produzione. Dal momento che questi occupano gran parte del suo tempo utile, può scivolare in uno stato di profonda frustrazione. Le conseguenze sono nefaste: incapace di cambiare il proprio ambiente, cerca di cambiare la propria percezione di esso con l'uso di droghe, psicofarmaci ed alcol. L'esito finale è un individuo dipendente, la cui personalità e coscienza sono offuscate.

L'UTILITÀ, LA PRODUZIONE E IL DENARO

Il denaro è lo strumento atto a facilitare lo scambio di utilità tra gli individui. Ad esso è attribuito un valore convenzionale, riconosciuto da un gruppo più o meno ampio di individui, che gli permette di essere accettato come mezzo di scambio. La sua unica utilità è pertanto la scambiabilità ed è soggetta ad oscillazioni dipendenti dal corso dei cambi, dall'inflazione e così via.

L'utilità convenzionale del denaro non sostituisce le utilità *reali* con cui è scambiato. Quando nuovo denaro è emesso dalle banche centrali, non appaiono istantaneamente filoni di pane, automobili o edifici. Il denaro viene scambiato con materie prime *esistenti*, che a loro volta vengono trasformate in prodotti finiti. In assenza di utilità reali con cui scambiare il denaro, questo diventa completamente inutile. Quando il rapporto tra quantità di utilità reale e di denaro (*potere d'acquisto*) diminuisce, come quando nuovo denaro è immesso nel sistema senza che venga prodotta una nuova quantità equivalente di utilità reale, il denaro stesso (incluso quello già presente nel sistema) perde valore, impoverendo chi lo possiede: l'inflazione.

Uno dei problemi dell'attuale sistema economico è proprio la retribuzione di un individuo o gruppo per una produzione che non ha luogo. L'assistenzialismo, promosso da partiti privi di argomenti migliori per aggiudicarsi i voti dei cittadini, remunera l'improduttività, riducendo un Paese, in pochi anni, ad una tale scarsità di risorse (utilità) che queste non sono sufficienti nemmeno per chi ha effettiva necessità e diritto di riceverle. Infatti il rapporto tra utilità e denaro diminuisce: se il denaro assistenziale è di nuova emissione, vi è un aumento della quantità di denaro; se il denaro assistenziale è sottratto ad imprese e lavoratori con imposte più onerose, la produzione è scoraggiata e l'utilità diminuisce. Al contempo, a livello soggettivo, l'occupazione è disincentivata dalla retribuzione degli individui improduttivi, sicché la popolazione diventa mediamente meno produttiva e, di nuovo, l'utilità disponibile diminuisce.

Similmente, si osserva il fenomeno per cui un'impresa quotata viene retribuita prima di aver effettivamente realizzato l'equivalente produzione, nell'aspettativa che lo faccia in futuro. In conseguenza di aggressive campagne pubblicitarie e propagandistiche, si vedono azioni negoziate ad un prezzo complessivo pari a 40 volte il patrimonio netto e 750 volte il profitto annuale dell'azienda. Il patrimonio finanziario dell'imprenditore aumenta conseguentemente di decine di volte, prima di aver effettivamente prodotto una quantità equivalente di utilità. Come accade all'individuo mantenuto dal sistema assistenziale sebbene abile al lavoro, l'imprenditore remunerato prematuramente non è incentivato a produrre. Ciò non significa necessariamente che l'imprenditore manderà in rovina l'impresa, ma, come minimo, il suo impegno e la sua prudenza possono essere ridotti. Maggiore è la remunerazione prematura, maggiore è il rischio che le aspettative produttive siano disattese.

L'assetto dell'attuale mercato pubblico dei capitali, in cui il profitto di chi investe in partecipazioni societarie (azioni) deriva primariamente dalla *plusvalenza* (incremento del valore rispetto al prezzo d'acquisto) piuttosto che dal reddito della società (versatogli in forma di *dividendo*), mostra la pigrizia e la bramosia di un sistema finanziario la cui attenzione si è distolta dalla produzione e si è fissata sul denaro. Il valore di mercato delle azioni è dettato dalle *aspettative*; il reddito di un'azienda è il risultato della sua *produzione*. La produzione è la *causa*, l'utilità ed il denaro equivalente sono l'*effetto*. La convinzione di potersi arricchire senza produzione, in maniera duratura e sostenibile, è ingenua o criminale. Con i medesimi aggettivi si può qualificare una fiscalità che gravi sui redditi più che sulle plusvalenze.

Affinché il sistema finanziario sia efficiente e sostenibile, i suoi operatori hanno la Responsabilità di adottare una condotta conscia dei propri effetti sistemici e non ricercare il mero profitto individuale a breve termine. Devono essere *competenti* e conoscere la natura della relazione tra produzione e denaro. Dato il peso dell'informazione sulle borse, essi devono essere in grado di individuare i conflitti d'interessi che ne tocchino le fonti. Per esempio, se il giornale X, controllato dall'investitore Y, pubblicasse notizie che influenzino il valore di mercato dell'azienda quotata Z, a sua volta controllata dall'investitore Y, quale sarebbe l'attendibilità di tali notizie? Quanto alle agenzie di rating e le società di auditing (revisione), esse sono remunerate dalle società stesse oggetto di valutazione.

Trattandosi di un *mercato* (dei capitali), vigono le leggi di domanda ed offerta. La merce negoziata è costituita da aspettative, non prodotti finiti, le quali sono profondamente soggette all'influenza delle *opinioni* oltreché dei fatti. Quando si acquista una quota di una società a migliaia di chilometri di distanza, di cui si conoscono solo dati finanziari e rating la cui certificazione è soggetta a conflitti d'interessi, il rischio insito nella transazione è molto elevato. Sicché si parla di "giocare in borsa", ma quanto è ragionevole far dipendere il finanziamento della *produzione*, il mezzo di sostentamento e crescita della società, da un gioco d'azzardo?

Come visto, l'aspettativa negoziata dall'investitore non è tanto il successo imprenditoriale dell'azienda quanto la sua rivalutazione. Per quanto correlati, i due eventi non sono necessariamente coincidenti. Il primo è determinato dalla produzione e vendita di utilità, con profitto. La rivalutazione delle azioni di una società è il risultato tanto del primo evento quanto delle dinamiche di mercato. Domanda ed offerta sono fortemente influenzate dalle opinioni, dalle notizie, dalle voci e dalle tendenze alimentate dai media, dagli analisti e dagli stessi investitori. È così che il rischio imprenditoriale, tipico di ogni azienda, è stato esasperato, tramutandosi in *azzardo*.

Il sistema finanziario attuale è comunque il frutto dell'interesse di alcuni, che ne ricavano profitti astronomici. Una leva di controllo del mercato di cui si servono, come visto, è l'opinione. Si ipotizzi che una grande banca d'investimento A acquisti una grande quantità di azioni di una società B. Le altre grandi banche (ipotizzando che tra esse vi sia una perfetta concorrenza, per quanto difficile, date le partecipazioni incrociate), incuriosite dalla manovra, decidono di seguire la prima, seppur con acquisti minori, per non negarsi l'opportunità di un eventuale profitto. La banca A possiede delle quote di diversi giornali, che non tardano a pubblicare la notizia degli acquisti. I piccoli investitori, confidando nella competenza dell'apparato di analisti di cui ciascuna delle grandi banche gode, seguono a loro volta. La banca A lavora da anni con l'agenzia di rating X e la società di auditing Y e, grazie all'influenza che ora esercita sulla società B, fa in modo che anche questa vi si affidi. L'agenzia X e la società Y sono consapevoli della possibilità che, negando punteggi alti e certificazioni dei conti a B, compromettano il rapporto con un cliente importante come A. È dunque evidente come, a prescindere dalla produttività e dalla solvenza dell'azienda, un meccanismo del genere susciti aspettative di profitto tra gli investitori e quindi un incremento della domanda e del prezzo delle azioni.

L'opinione può essere impiegata anche per produrre o accentuare l'oscillazione dei prezzi per generare ulteriori profitti, comprando e vendendo lo stesso titolo ripetutamente.

Una volta che gli operatori riconoscono una fonte di profitto efficace, cercano di raccogliere tutto il capitale possibile da destinarvi. Allo scopo, possono emettere obbligazioni o altri strumenti finanziari. Una tecnica a cui le banche sono storicamente ricorse è la cartolarizzazione, ossia la trasformazione di crediti propri in titoli negoziabili. Un esempio classico è l'emissione di obbligazioni garantite da crediti da mutui immobiliari. In questo modo la banca si procura liquidità immediata sulla base di crediti esigibili in futuro. Questo meccanismo può incentivare la banca a concedere prestiti per incrementare il proprio credito e trasformarlo subito in liquidità. Quando la banca o, meglio, gli individui che la gestiscono (e si interessano ai propri profitti immediati piuttosto che alla sopravvivenza dell'istituzione per cui lavorano e alla salute del sistema economico) si curano più della liquidità immediata che della solidità del credito sottostante, si profilano perdite ingenti per i risparmiatori.

A rigor di termini, ad eccezione del denaro versato ad una società per l'acquisto di titoli di nuova emissione ed impiegato nella produzione, quello investito nell'acquisto di azioni non costituisce *capitale* nella misura in cui il prezzo della società si discosta dal valore della sua effettiva capacità produttiva. Il capitale, in senso proprio, è l'insieme dei mezzi impiegati per la produzione, nella forma di denaro, macchinari e così via. Quando si acquista una quota di una società ad un prezzo superiore al suo valore, si rimborsa il capitale all'investitore iniziale, più una plusvalenza pari all'incremento della capacità produttiva dell'impresa, *più* una plusvalenza a cui non corrisponde alcuna capacità produttiva incrementale. Si trascende così dal concetto stesso di *finanza*, intesa come ogni attività di raccolta di capitale da destinare alla produzione.

Il profitto generato dal capitale è frutto di produzione. Il profitto rappresentato da una plusvalenza sproporzionata rispetto alla capacità produttiva di un'azienda è semplice speculazione ed è la contropartita di una perdita per un altro operatore, quando la sproporzione diviene nota ed il prezzo dell'azienda diminuisce.

A causa dei consumi e del deperimento dei beni, la produzione di nuova utilità è necessaria al fine di perlomeno mantenere la quantità totale disponibile di utilità nel sistema. Quando la produzione attesa non si verifica, l'intero sistema s'impoverisce, ovvero complessivamente perde una determinata quantità di utilità disponibile.

LO SCAMBIO

Come visto sopra, lo *scambio* ricopre un ruolo essenziale ed il valore strumentale del denaro risiede proprio nel favorirlo. Al fine del raggiungimento dello Scopo, che prevede la massima realizzazione del potenziale e della libertà individuali, lo scambio deve essere *equo*, ossia le utilità scambiate devono approssimativamente equivalersi nell'ambito di un sistema di riferimento comune (utilità oggettiva o valore di mercato) e rispecchiare le caratteristiche promesse durante la negoziazione per fornire l'utilità soggettiva prospettata. Quest'ultima è necessariamente diversa per ciascuna parte, altrimenti lo scambio non avrebbe luogo.

Si dice che "gli affari si fanno in due", ossia entrambe le parti devono trarre vantaggio dallo scambio. Ciò favorisce la migliore allocazione delle risorse. Un sistema caratterizzato da iniquità degli scambi, al contrario, limita la libertà finanziaria degli individui sottraendo continuamente utilità dalla loro disponibilità. Lo scenario estremo di una tale tendenza sistemica è la schiavitù.

Il denaro *non* sparisce dal sistema economico. Nell'attuale assetto monetario, in termini semplificati, il denaro viene emesso dalla banca centrale sotto forma di prestito alle banche commerciali, contro un interesse x. Le banche commerciali, a loro volta, prestano il denaro ad imprese e cittadini ad un interesse $x + y$. Il profitto realizzato dalla banca centrale (x) viene incamerato principalmente dallo Stato e in parte minore dalle banche commerciali, proprietarie di una quota della banca centrale. Quando la popolazione percepisce una diminuzione del proprio potere d'acquisto, ovvero della propria disponibilità di utilità scambiabile, significa normalmente che l'assetto degli scambi è stato intenzionalmente o accidentalmente turbato. La mancata produzione è il primo esempio di scambio iniquo.

Un altro fenomeno distorsivo dello scambio è il *consumismo*, ossia la tendenza a consumare più utilità di quanto sia necessario, cosicché l'utilità tratta dal consumo sia ben inferiore al valore del bene consumato, ovvero l'utilità marginale del nuovo consumo sia minima. L'utilità marginale è l'utilità di un'unità aggiuntiva di un medesimo bene, ad esempio: l'utilità di una seconda automobile. Evidentemente, l'utilità di un'automobile per un individuo che ne è privo sarebbe maggiore di quella che lo stesso individuo trarrebbe dal possederne una seconda identica.

Per esempio, un individuo possiede un divano di due anni d'età. Viene bersagliato dalla campagna pubblicitaria di un'azienda d'arredamento che suggerisce che un nuovo divano in salotto (della stessa qualità produttiva e prezzo del primo, ma con un nuovo design) "farà innamorare gli ospiti". Decide così di acquistarlo. Mentre l'utilità marginale del nuovo divano è minima, l'individuo si è privato di mezzi finanziari (quindi di potere d'acquisto, quindi di utilità) pari all'utilità oggettiva del bene, equivalente approssimativamente all'utilità che ne avrebbe tratto un individuo che non possieda alcun divano. In pratica, l'individuo ha acquistato "un pezzo" dell'utilità di un divano, al prezzo di un divano intero. Dal momento che il divano usato, in quanto bene di consumo, ha subito un calo del valore di mercato (per un'eventuale rivendita) superiore all'utilità marginale del nuovo divano (o semplicemente finirà in cantina), il risultato netto è una perdita di utilità da parte dell'individuo e quindi un impoverimento. Si aggiunga alla scena che l'azienda d'arredamento offra un servizio di finanziamento, cosicché l'individuo privo di sufficiente potere d'acquisto nel presente si sobbarchi ulteriori costi (interessi), ovvero un'ulteriore perdita di utilità disponibile: la diminuzione della ricchezza individuale nell'attuale mercato del consumo è lampante.

Produzione mancata e consumismo, provocando una perdita di utilità complessiva del sistema, generano inflazione, che può a sua volta essere causa di un'ulteriore iniquità negli scambi: la sottoretribuzione. Il lavoratore che concordi una certa retribuzione in un dato momento del tempo vedrà il potere d'acquisto del proprio salario, a meno di adeguamenti costanti, e dei propri *risparmi* in denaro diminuire in funzione del tasso d'inflazione.

Questi ed ogni altro tipo di squilibrio degli scambi sono causa di regresso sociale in direzione della schiavitù finanziaria: l'impoverimento dell'individuo limita la sua libertà di scelta nell'allocazione del proprio contributo produttivo, costringendolo a lavorare in attività e a condizioni che altrimenti rifiuterebbe, a beneficio di un gruppo ristretto di individui. Questi, se privi di senso sociale, cercano attivamente di promuovere e consolidare un sistema di scambi iniqui per assicurarsi ed accrescere tale vantaggio.

I parlamenti ed i governi devono legiferare ed attuare politiche economiche in favore di un sistema finanziario imperniato sulla produzione di utilità reale, piuttosto che sul denaro. Le soluzioni che discendono da quest'impostazione sono innumerevoli.

Redditi e dividendi da produzione devono essere soggetti alla minor imposizione possibile e comunque inferiore rispetto alle plusvalenze, per incoraggiare gli amministratori delle aziende a remunerare gli investitori in maniera stabile, duratura e sostenibile con i profitti generati dalla propria produzione, piuttosto che con la rivalutazione delle azioni.

La proporzione tra gettito fiscale e utilità fornita ai cittadini deve essere sempre rispettata. La sovratassazione è un chiaro esempio di scambio iniquo che, in quanto tale, di nuovo, impoverisce la popolazione e ne limita la libertà.

Le emissioni di nuova moneta devono essere destinate alle imprese e riservate alla produzione, per esempio vincolandole a determinate voci di bilancio (acquisto di macchinari, assunzione di forza lavoro, eccetera) per un determinato periodo di tempo. Le imprese a loro volta retribuiranno i lavoratori, i quali potranno acquistare la nuova utilità prodotta, remunerando le imprese e favorendo ulteriore produzione: il circolo virtuoso della produzione.

La *redistribuzione della ricchezza* attraverso una tassazione elevata è una chimera, in quanto disincentiva la produzione e di conseguenza impoverisce la società, oltre a causare una fuga dei capitali verso fiscalità più favorevoli.

Un Paese in cui lo Stato priva l'individuo della metà dei frutti della propria produzione è un Paese in cui la popolazione ha perduto la sovranità da tempo. Tristemente, molti dei Paesi occidentali rispondono più o meno esattamente a questa descrizione, inclusi gli Stati Uniti, storicamente depositari della libertà economica e della libertà individuale in genere.

Il paradigma robinhoodiano stesso della redistribuzione della ricchezza deve essere rimpiazzato da quello dell'*arricchimento generalizzato*: in virtù di quale diritto si può privare il "ricco" dei frutti della sua produzione? Piuttosto, incrementando l'utilità disponibile nel sistema attraverso la produzione, si dovrebbe incrementare la ricchezza di tutti. Nulla osta a che, un giorno, ognuno potrà guidare un'auto sportiva.

A ben vedere, i "ricchi" colpiti dalla sovratassazione sono perlopiù i proprietari di imprese e studi professionali di piccole e medie dimensioni, tuttalpiù milionari, la cui produzione è vincolata al territorio di appartenenza; mentre i miliardari risiedono in Paesi a fiscalità minima o sfruttano espedienti fiscali *ad hoc* per sfuggire alla tassazione ordinaria. È il caso delle fondazioni private negli Stati Uniti e dei trust esteri per i cittadini britannici, così come dell'imposta sul reddito forfettaria per i nuovi residenti in Italia: chi vi si trasferisce può optare per un'imposta fissa di centomila Euro annui, una somma irrisoria per redditi multimilionari, che mortifica la concorrenza di alcuni dei più noti "paradisi fiscali". L'obiettivo che formalmente motiva questa iniziativa è l'attrazione di capitale estero. La verità è che chi ne usufruisce non è obbligato a trasferire le proprie attività produttive né tantomeno è incentivato a farlo, date le condizioni opprimenti cui le imprese italiane sono costrette. L'unico capitale che il neoresidente è tenuto ad importare equivale ai suoi consumi personali e all'imposta stessa, ridicolmente bassa rispetto alle aliquote applicate al resto dei contribuenti: un affronto spudorato dello Stato ai cittadini.

Alcuni miliardari ed i loro *entourage* clientelari esercitano la propria influenza al fine di favorire e consolidare i propri privilegi, generando un circolo vizioso d'iniquità. Subdolamente reggono le fila dei media e supportano cause tipicamente di sinistra, per acquisire il favore della base popolare ed indebolire il ceto medio-alto, che rappresenta la libertà finanziaria individuale e quindi la minaccia primaria al loro potere. Non vi è nulla di male nell'essere miliardari, anzi, in un sistema basato su merito e giustizia, la ricchezza è indice di produttività ed abilità. Il valore sociale di un'impresa di successo è trattato esaustivamente sopra. Non vi è tuttavia giustificazione per coloro che favoriscono un sistema fallace ed oppressivo per mantenere od incrementare patrimonio e potere, a scapito degli altri individui.

LA SPIRITUALITA'

La composizione dell'individuo umano in spirito e corpo si è sempre riflessa nella concezione dell'esistenza di due mondi distinti: quello spirituale e quello fisico. Entrambi i mondi sono soggetti a sovranità: quella spirituale e quella secolare. Le due sovranità possono fare capo ad una sola o a due diverse entità. Il primo è il caso del Papa, che detiene sia il potere spirituale sulla comunità cristiana che quello temporale sullo Stato Vaticano, e di alcuni governi mediorientali. Il secondo è il caso degli Stati laici.

La sovranità spirituale, in effetti, appartiene ad un'entità (o più) che gli individui designano come il Creatore, di cui le autorità religiose sono rappresentanti.

La sovranità spirituale è più stringente di quella fisica. Essa si rivolge al pensiero, agli scopi, ai valori, alla coscienza. Si rivolge all'interiorità dell'individuo piuttosto che alle sue manifestazioni esteriori, che possono essere sincere o meno. Per afferrare il concetto, basta chiedersi che cosa sarebbe più preoccupante: il controllo altrui del proprio pensiero o del proprio corpo?

La sovranità spirituale non è estranea al Ciclo della Sovranità. Si può assumere che esso cominci ad uno stadio praticamente animale in cui gli individui non hanno alcun concetto di spirito. A questo seguirebbe una qualche consapevolezza della propria identità e la sottomissione spirituale di tutti gli individui ad una o poche entità: monarchia ed oligarchia spirituali, ovvero monoteismo e politeismo. All'inizio di questa seconda fase, gli individui perlopiù concepiscono lo spirito come qualcosa che *hanno*, non che *sono*, donatogli da un dio: "quando morirò, *la mia anima* andrà in cielo". Essi considerano se stessi come esseri di scarso valore, completamente soggetti alla volontà di un essere distinto da loro e superiore.

Con il Progresso gli individui acquisiscono consapevolezza del proprio essere. Il pensiero illuministico ne è un esempio. La ragione umana divenne il motivo centrale del movimento, ma non si negò necessariamente l'esistenza di un Essere Supremo. Il pensiero classico è un ulteriore esempio: da un lato caratterizzò uno dei periodi più prolifici per la filosofia, dall'altro contemplava l'esistenza di semi-dèi ed un rapporto più prossimo tra uomini e divinità. In questi termini, pur avendo portato qualche progresso nell'ambito dei diritti umani, il monoteismo cristiano (perlomeno nella sua versione storica) comportò una regressione nel Ciclo della Sovranità spirituale ed il Medioevo ne ha mostrato gli effetti.

Risalendo i diversi stadi del Ciclo, la consapevolezza e la libertà spirituali individuali si espandono. Gli individui accrescono la fiducia nelle proprie convinzioni e sono liberi di credere in qualunque cosa considerino vera, fino al punto in cui ciascuno avrebbe la sua esclusiva "religione". Questa sarebbe la Sovranità Spirituale Individuale ed è perseguita con la Ricerca sul Soggetto. L'individuo a questo punto avrebbe piena consapevolezza di sé, ovvero le risposte corrette alle classiche domande esistenziali: "chi sono?", "da dove vengo?" e così via.

L'idea di un Essere Supremo distinto da sé verrebbe sorpassata. Ogni individuo sarebbe un dio, inteso come sovrano dello spirito.

Gli individui potrebbero non essere altro che un Essere Supremo, "diviso" in Io indipendenti ma appartenenti alla stessa matrice. Questo corrisponderebbe alla concezione filosofica per cui l'Essere (o Dio) è *infinito* e quindi è tutto e tutti.

Ancora, ogni individuo potrebbe essere un Essere Supremo distinto ed infinito: l'Universo spirituale potrebbe rispondere a leggi diverse da quelle fisiche ed ammettere la compresenza di diverse infinità. Si potrebbe anche concepire che, una volta raggiunta la Sovranità Spirituale Individuale, vi sia un universo spirituale per ciascun individuo, all'interno del quale egli può essere infinito.

Le religioni, come movimenti organizzati, hanno assunto la funzione di riunire individui con concezioni spirituali simili, accrescerne la conoscenza del mondo dello spirito (secondo le credenze di ciascuna) e diffondere la propria visione. Quest'ultimo tratto, noto come *proselitismo*, nel tempo ha suscitato una certa diffidenza e, a volte, antipatia nei confronti di alcune confessioni o della religione in genere, anche più della propaganda politica. In effetti, è del tutto ragionevole che un gruppo di individui convinti della bontà della propria conoscenza cerchino di condividerla con il prossimo, fintantoché tale attività si realizzi in forma di offerta e non d'imposizione o prevaricazione.

Le religioni contribuiscono alla Ricerca. Praticamente tutte le maggiori religioni offrono teorie sul Soggetto e sull'Oggetto. Alcune esperienze religiose producono delle certezze, in chi le vive, superiori a quelle che discendono dalla scienza. In effetti, la scienza produce verità all'interno di modelli artificiali, concepiti dall'Uomo per rappresentare *parti* della Natura. Si tratta di verità totali in riferimento al modello cui appartengono, ma di verità parziali rispetto alla *totalità* dell'Universo. Variazioni minime nei modelli producono verità diverse, come dimostrato dall'evoluzione dalla fisica classica a quella quantistica e relativistica.

Il fatto che una certezza spirituale non possa essere condivisa appieno con altri o dimostrata nell'Universo fisico non la renderebbe meno vera per l'individuo, ma non potrebbe nemmeno essere imposta dogmaticamente a tutti. Nessuno dovrebbe essere obbligato a credere in qualcosa che personalmente non percepisce o non concepisce logicamente. Il biasimo di cui soffrono le religioni tradizionali è anche il risultato della violazione di questo principio.

La ricerca religiosa e quella scientifica hanno un tratto in comune: l'intuizione. L'intuizione, intesa come consapevolezza non risultante da evidenza logica, è una sorta di *creazione* della conoscenza. Si può concepire che vi siano diversi gradi di intuizione, dalla conoscenza totalmente spontanea all'osservazione di correlazioni, al pensiero analogico e così via.

La ricerca scientifica, per sua natura, tende ad impiegare l'intuizione per compiere passi brevi ma sicuri e, quindi, ad elaborare ipotesi che possano essere dimostrate in un futuro relativamente prossimo. Infatti, lo scopo della ricerca *scientifica* è la produzione di *scienza*, ossia conoscenza dimostrata.

Come per qualsiasi altra professione, lo scienziato rischierebbe il posto se non svolgesse il suo compito. Gli "scienziati" che si avventurano nell'elaborazione di ipotesi non dimostrabili in tempi relativamente brevi sono, a rigor di termini, dei *filosofi*. La filosofia è infatti la famiglia cui appartengono la scienza, la religione ed ogni altra forma di conoscenza. Lo scienziato è sempre filosofo, ma il filosofo non è necessariamente scienziato.

Al contrario, la ricerca religiosa e quella filosofica possono volare a quote stratosferiche sulle ali dell'intuizione ed afferrare verità formidabili o schiantarsi rovinosamente. Questo fatto da un lato deve impedire che la conoscenza intuitiva sia inculcata forzatamente negli individui in nome della "fede", dall'altro deve dissuadere dal gettare discredito su qualsiasi conoscenza non dimostrata o dimostrabile nel futuro prossimo, in nome della "scienza". Innumerevoli nozioni filosofiche e religiose antiche hanno trovato riscontro nella fisica moderna.

La ricerca scientifica, se non supportata da intuizioni filosofiche lungimiranti, è uno strumento senza guida che corre il rischio di dedicarsi a materie insignificanti. La specie umana non dispone di un tempo infinito per evolversi. La Terra, il Sole ed ogni risorsa da cui dipende procedono costantemente lungo il proprio ciclo naturale. Alcune fasi di questi cicli non permetteranno la sopravvivenza dell'Uomo al suo stato attuale di progresso.

La religione è per natura un soggetto estremamente personale, è la disciplina che tratta gli aspetti più intimi dell'individuo. La sovranità spirituale è più cogente di quella politica: quando è esercitata da autorità religiose criminali, le conseguenze sono catastrofiche. Quando le parole profetiche di individui straordinari diventano le leve del controllo di individui insani, è l'inizio di un'età buia. Il fatto che questo sia effettivamente accaduto più volte nel corso della storia ha tradito la fiducia degli individui e, insieme all'obsolescenza di alcuni insegnamenti e pratiche e ai dogmatismi, ha causato un graduale allontanamento delle nuove generazioni dalle religioni e, di riflesso, dalla spiritualità.

La parola stessa "religione" suscita in molti una certa repulsione, evocando un senso di conformismo e massificazione della spiritualità e di oppressione, in completa contraddizione con la finalità, cui per natura dovrebbe essere associata, di accrescere la consapevolezza spirituale individuale per mezzo di esperienze intimamente personali.

"La scienza senza religione è zoppa" scrisse Einstein, mentre la "scienza" cominciava a sostituire la religione nella Ricerca sul

Soggetto. Per quanto le si attribuiscano imparzialità e obiettività, anche la scienza è soggetta all'arbitrarietà, alla propaganda e alle opinioni. Evidentemente queste cose nulla hanno a che fare con la scienza vera e propria, ma, come la religione, anche questa è oggetto di strumentalizzazione per il perseguimento di secondi fini. Le conseguenze sono: *opinioni* di scienziati (una contraddizione in termini) schierate a supporto di azioni politiche, ricerche "scientifiche" contraddittorie (un paradosso) e così via.

Vi sono intere discipline promosse come *scienza*, che non lo sono. La medicina, ad esempio, è definita nei dizionari come scienza, quando è una *pratica*. La scienza, per definizione, è *conoscenza certa* nell'ambito di un modello precisamente *definito*, che permette di prevedere con esattezza l'andamento di un fenomeno. La medicina è un'*applicazione* di alcuni ritrovati della scienza chimica e fisica ad un soggetto estremamente complesso ed ancora indefinito: l'individuo umano. Il risultato è che individui diversi rispondono in maniera diversa alle stesse terapie e agli stessi farmaci, che ogni decade vecchie teorie mediche vengono rinnegate e delle nuove vengono venerate. Lo stesso vale per la psicologia, in maniera persino più marcata dal momento che tratta esperienze mentali e spirituali individuali.

Le "scienze" che hanno rimpiazzato la religione nella ricerca sull'Io sono la psicologia e la psichiatria. Etimologicamente, la prima è lo "*studio* dell'anima", la seconda è la "*cura* dell'anima" e, in quanto tale, una branca della medicina. Entrambe non sono scienze ed entrambe hanno vissuto una deriva materialistica nella seconda metà del secolo scorso.

Wundt, generalmente considerato padre della psicologia moderna e primo accademico a condurre esperimenti sulla mente, concluse che i processi mentali ed i processi fisiologici, ovvero cerebrali, sono paralleli ed indipendenti.

Per Jung:

> La psiche possiede facoltà peculiari, per cui
> non è del tutto confinata entro lo spazio ed
> il tempo. Si possono fare sogni e avere vi-
> sioni del futuro, si può vedere attraverso i
> muri e via dicendo. Solo gli ignoranti nega-
> no questi dati di fatto, è assolutamente evi-
> dente che questi fatti esistono e sono sempre
> esistiti.

Al contrario, le "scienze" mentali si sono concentrate sempre più sul trattamento fisiologico piuttosto che psichico. La prescrizione di psicofarmaci è aumentata a ritmi vertiginosi dalla metà del Novecento e continua a tutt'oggi. Una ricerca qualche tempo fa ha appurato che, nell'arco di un anno, un americano adulto su sei (ed una donna su cinque) ha acquistato uno psicofarmaco con prescrizione. È stimato che ogni anno centomila pazienti negli Stati Uniti siano trattati con terapia elettroconvulsivante (elettroshock).

È fatto comunemente osservabile che l'emozione, ad eccezione dei casi di assunzione di sostanze psicotrope, non sia causata dai processi fisiologici: l'individuo vive un'esperienza, da cui scaturisce un'emozione, a cui corrisponde una certa reazione fisica e chimica nell'organismo. Senza l'esperienza iniziale e la consapevolezza dell'individuo di tale esperienza, nessun processo fisiologico avrebbe luogo. Trattare la depressione, che è un'emozione, con la chimica, ossia con farmaci, significa cercare di attenuare i sintomi, non *curare* la causa. Questo è dimostrato dal fatto che raramente un paziente cessa di assumere antidepressivi se la sua infelicità non è stata risolta con altri metodi. Ci si potrebbe chiedere, allora, perché non venga promossa più energicamente la Ricerca sui processi psichici piuttosto che fisiologici. Gli ingenti profitti delle terapie fisiologiche potrebbero essere una risposta. Il giro d'affari globale generato annualmente da psicofarmaci ed elettroshock è nell'ordine delle decine di miliardi di dollari.

La deriva materialistica produce alcuni fenomeni sociali ed economici notevoli. La concezione che si ha di sé e del mondo informa i propri valori ed obiettivi. Secondo un sondaggio, il cui risultato è piuttosto scontato, gli atei tendono a trovare più significato esistenziale nel denaro, negli hobby e nel turismo e meno nella famiglia, rispetto ai cristiani. Queste tendenze evidentemente hanno conseguenze sul comportamento dei soggetti. Nei loro processi decisionali, il peso relativo del denaro rispetto ad altri valori sarà maggiore. Per esempio, anche in minima misura, daranno più importanza alla redditività nella scelta della professione o al patrimonio nella scelta del partner, rispetto ad altri individui. Si cureranno un po' meno del benessere dei propri figli. Saranno disposti a spendere di più per passatempi e viaggi: due mercati che sono cresciuti esponenzialmente negli ultimi decenni. Nel caso peggiore, ne potrebbe risultare un individuo con un matrimonio fallimentare, che cerca sollievo da un impiego che non lo appaga (ma che ha scelto per livello di retribuzione) in hobby e vacanze: un modello piuttosto familiare, no?

L'ateismo, per definizione, è non credere nell'esistenza di Dio o dèi e non comporta necessariamente il rifiuto dell'esistenza di spiriti individuali. Tuttavia, di fatto, ateismo e materialismo perlopiù coincidono, come dimostrato dallo stesso sondaggio, secondo cui solo il 4% degli atei trova significato esistenziale nella spiritualità.

Il materialismo dunque cambia i valori relativi individuali e sociali delle varie componenti della vita (famiglia, denaro, spirito, corpo, lavoro, svago, dovere, vita, morte e così via). Alla variazione dei valori evidentemente corrisponde un cambiamento nelle decisioni. Si può dire che fino agli anni '60 la popolazione occidentale fosse ancora fortemente religiosa. I movimenti sessantottini hanno innescato un'inversione di tendenza. Per quanto la sfiducia nelle istituzioni religiose fosse giustificata e la spiritualità non coincida con l'adesione alla religione organizzata, il disconoscimento dei valori tradizionali non fu necessariamente un atto proficuo.

La realtà è molto più complessa di quanto gli ingenui o i propagandisti affermino. Buono e cattivo sono concetti ideali che nel mondo fisico si manifestano perlopiù in termini di *migliore* e *peggiore*. Le variabili sono innumerevoli. Le opzioni disponibili alle decisioni umane sono raramente completamente giuste o sbagliate, sono normalmente migliori o peggiori le une delle altre e spesso i rispettivi valori sono talmente simili da rendere ardua la scelta. Un pessimo governante, in termini assoluti, potrebbe essere migliore delle alternative in un dato momento storico. Così, rifiutare totalmente un personaggio, un movimento o una dottrina perché una parte di essi risulta imperfetta è da ingenui, così come sarebbe sciocco accogliere acriticamente tutto ciò che venga proposto da qualcuno che abbia offerto qualcosa di positivo in precedenza.

Similmente, rinnegare dei valori esistenziali perché un'organizzazione umana considerata cattiva li ha promossi (o, meglio, se ne è servita!) è alquanto folle. I valori di una società nascono normalmente come soluzioni funzionali a problemi reali, raramente sono imposizioni arbitrarie.

Ogni valore va valutato in maniera obiettiva, indipendente e nel proprio contesto di applicazione (il presente ed il futuro). Tutti gli assetti sociali della storia, incluse le peggiori dittature, hanno promosso valori positivi (*migliori*) e negativi (*peggiori*). Il valore complessivo di tali assetti è misurato dalla preponderanza dell'uno o dell'altro tipo di valori *nel proprio contesto storico*. Ogni singolo valore dovrebbe essere esaminato criticamente ai fini della sua conservazione o del suo abbandono.

Le iniziative propagandistiche che rinnegano *in toto* personalità e dottrine straordinarie del passato alla luce di valori (o pretesti) moderni sono ridicole, poiché negano quei progressi senza i quali gli stessi valori odierni che invocano non esisterebbero.

Il mutamento dell'equilibrio dei valori prodotto dal materialismo, ossia l'accrescimento del valore dei beni e del benessere materiale in relazione agli altri valori, induce condotte economiche peculiari. Innanzitutto produce un aumento dei consumi: l'utilità soggettiva dei beni di consumo per l'individuo materialista è superiore a quella dell'individuo non materialista. In secondo luogo, l'individuo materialista avrà mediamente una tendenza maggiore a ricercare la remunerazione *prima* della produzione, in virtù dell'accresciuto valore che il denaro riveste nella sua scala dei valori, e a condurre scambi iniqui, rispetto all'individuo non materialista.

Tali condotte cagionano perdita di utilità ed *impoverimento*, sia individuale che sistemico. Come per l'ecclesiastico che celebra la povertà in nome della spiritualità, mentre sguazza nel lusso, si dovrebbero investigare gli interessi effettivi di chi promuove il materialismo.

Il valore più gravemente condizionato dal materialismo è quello della vita rispetto alla morte. Mentre le promesse di beatitudine eterna convincono a combattere e morire per i secondi fini di criminali guerrafondai, la paura della morte materialistica, ossia della fine della consapevolezza di sé, riduce la popolazione ad un gregge codardo, tanto spaventato dal battersi per la propria libertà da vedersela sfumare tra le dita.

La paura che la morte rappresenti la fine completa dell'Io influenza profondamente il pensiero e la condotta dell'individuo. Suscita la sensazione che l'esistenza sia insignificante e che non valga la pena impegnarsi in alcuno sforzo a lungo termine, perché non si godrà dei frutti che ne risulteranno. L'orizzonte d'azione dell'individuo si riduce alle attività che gli procureranno benessere *al massimo* entro l'arco della sua vita. Sebbene vi possano essere individui tanto altruisti dall'impiegare le proprie energie ed il proprio tempo a beneficio delle generazioni future pur essendo convinti di vivere una volta sola, è certo che la popolazione tenderà ad essere *mediamente* meno lungimirante. Il sondaggio summenzionato lo dimostra, rilevando che ad un incremento del valore percepito di denaro, hobby e turismo tra gli atei corrisponde una diminuzione del valore della famiglia, che è l'espressione più diretta dell'interesse verso le generazioni future.

La paura della morte materialistica può sfociare nel *terrore* di perdere l'unica esistenza che si ha a disposizione. L'individuo diventa mediamente più domabile ed accondiscendente. Non reagisce se non assolutamente necessario. Si tiene stretto la propria occupazione per garantirsi i mezzi di sostentamento, a costo di accettare compromessi con altri valori. Diventa ipocondriaco ed ansioso. È meno incline ad intervenire per fermare un borseggio o un'altra ingiustizia. L'eroismo è soppiantato dall'opportunismo.

Il decadimento e la morte del corpo fanno parte della vita, per incapacità dell'organismo di fare altrimenti o necessità per la sopravvivenza della specie. La seconda ipotesi troverebbe ragione nel fatto che le mutazioni genetiche utili all'evoluzione si verificano e trasmettono solo con la generazione di nuovi individui (riproduzione). Le mutazioni genetiche sono infatti di due tipi: le *mutazioni ereditarie*, che avvengono nel DNA contenuto nelle cellule germinali (ovulo o spermatozoo) prima della fecondazione o nella cellula fecondata poco dopo la fecondazione, così che il DNA mutato è trasmesso a tutte le cellule dell'organismo prodotte dalle successive divisioni della prima cellula; le *mutazioni somatiche*, che avvengono durante la vita dell'organismo nel DNA delle cellule somatiche (le cellule diverse da quelle germinali), cosicché non sono trasmissibili alla prole.

Le risorse vitali (cibo, acqua, ossigeno, spazio e così via) sono limitate. L'evoluzione di una specie è lo strumento primario della sua sopravvivenza ed è più efficiente quando gli individui genitori lasciano spazio alla nuova generazione, una volta che questa è in grado di sostentarsi autonomamente.

Il rifiuto di decadimento e morte, da parte dell'individuo che identifica se stesso con il proprio organismo, è solo un'ulteriore manifestazione del conflitto tra spirito e corpo. Lo spirito contempla per sé solo l'eternità, ossia l'esistenza senza principio né fine, mentre la vita organica è temporanea, inizia e termina.

Il rifiuto della morte sotto forma di paura, depressione o ricerca ossessiva dell'immortalità fisica è diffuso nella società occidentale contemporanea e nei comunismi, in cui il materialismo è dilagante, ma non lo è e non lo è stato per la maggioranza delle altre civiltà. Gran parte delle gesta eroiche, di cui si legge nei libri di storia (o dimenticate), sono state compiute da uomini e donne che credevano o speravano in un'esistenza successiva alla morte del corpo. Tutti noi godiamo quotidianamente dei frutti dei loro atti e dei loro sacrifici.

La produzione "culturale" contemporanea esalta figure antieroiche, colme di debolezze "umane" quali ansie, egoismo, opportunismo, misantropia, malattia mentale e fisica, alcolismo e tossicodipendenza, nel tentativo di avvicinare il "nuovo eroe" all'uomo medio. La mediocrità morale è la nuova normalità. Non si *aspira* a standard superiori. Se la promozione di modelli eccezionali in passato ha lasciato comunque spazio alla degradazione, che cosa ci si aspetta da modelli dozzinali?

Il cliché "si vive una volta sola" è assorto a dogma con il quale si giustifica ogni azione di cui ci si vergogni. La realtà dei fatti è che il materialismo è un argomento trito: il progressismo risiede oggi nella Ricerca della Verità e nell'onestà.

Vi sono diversi fenomeni che, in quanto esperienze condivisibili ed investigabili, proverebbero che l'esistenza dello spirito sia svincolata da quella del corpo. Vi sono numerosi casi di bambini che raccontano dettagliatamente la vita precedente e di esperienze extracorporee riportate da persone rianimate dopo un incidente. Tali fenomeni dovrebbero essere oggetto prioritario della Ricerca sul Soggetto. Il fatto che non lo sono, che non sono trattati dai media e che le ricerche che li riguardano, di terapeuti del passato recente, sono ignorate è l'indice che il materialismo è lo strumento di conservazione dello *status quo*: se anche si scoprisse, in seguito alla Ricerca, che si tratti di allucinazioni o menzogne nella totalità dei casi, il disinteresse attuale per la materia non trova altra spiegazione.

Il materialismo rende la popolazione malleabile, pavida, egoista, consumista, supina, imprevidente, ignorante, povera, incapace, schiava. La spiritualità fa l'Individuo indipendente, critico, audace, determinato, forte, saggio, libero.

La Ricerca sul Soggetto e sull'Oggetto non sembrano procedere necessariamente di pari passo. Del resto, l'idea che un essere non conosca *se stesso* suona intuitivamente piuttosto contraddittoria. Semmai inizialmente non dovrebbe conoscere ciò che è diverso da *sé*, ossia l'Oggetto, incluso il corpo in quanto parte dell'Universo fisico, cosicché una civiltà umana impieghi millenni per avanzare dalle capanne di fango alle basi spaziali ed un bambino necessiti di diversi mesi per apprendere le informazioni fondamentali sul proprio ambiente. Forse tale idea è semplicemente falsa?

Risulta più sensato concepire che l'Individuo conosca se stesso, nell'intimo della propria coscienza. Questo è il presupposto del dialogo socratico, con cui il filosofo faceva affiorare la conoscenza nell'interlocutore tramite domande, della meditazione orientale e dell'ipnotismo. Così è possibile che l'Uomo in passato disponesse di una conoscenza del Soggetto superiore a quella odierna, a dispetto dell'inferiorità tecnologica. Se si visita un museo etnologico o si leggono opere classiche o antiche, si realizza che le esigenze individuali fondamentali non sono mai cambiate nel tempo e nello spazio; sono sempre state oggetto dell'attenzione umana, cosicché la Ricerca precedente potrebbe già avere trovato risposte, poi smarrite.

Se il Soggetto e l'Oggetto coincidessero o il primo fosse il creatore del secondo, il Soggetto dovrebbe conoscere l'Oggetto fin dal principio, cosicché la conoscenza sull'Oggetto potrebbe scaturire dalla Ricerca sul Soggetto.

LA DIFESA

Le guerre sono aborrite dalla generalità degli individui. Ciononostante ricorrono nel tempo e si spostano nello spazio, senza tregua per l'Umanità.

La guerra causa sofferenza fisica e spirituale in tutte le parti coinvolte. L'alienazione individuale è tale da dare adito alle peggiori abiezioni: stupri, violenza superflua, tortura, droga. La guerra abbassa l'Uomo verso lo stato animale e sembra avere un effetto degradante costante. È risaputo che, anche in tempo di pace, il servizio militare è spesso la prima occasione di contatto dell'individuo con la prostituzione e l'uso di stupefacenti. Essa rappresenta probabilmente l'evento più temuto dall'Uomo, sebbene egli ne sia la causa.

La guerra causa la *perdita della conoscenza*. Distrugge monumenti, opere d'arte e biblioteche, cancella etnie, tradizioni e linguaggi, estingue filosofie e religioni, stronca ricerche e correnti di pensiero, uccide scienziati e letterati. In un mondo di valori relativi, in cui ragione e torto sono spartiti tra le parti con scarto minimo, i vincitori perlopiù dipingono se stessi come la giustizia assoluta, alterando la storiografia degli eventi e screditando ed obliterando il nemico e la sua cultura.

Gli strumenti di prevenzione della guerra sono la correttezza, la comunicazione e la comprensione. Come per ogni relazione interpersonale, quando si concede ed esige rispetto, si comunica direttamente e si tollera la differenza d'opinione, le possibilità di conflitto si riducono drasticamente, se le parti agiscono in buona fede.

Se si ipotizzasse una comunicazione diretta completa tra due individui non insani, in cui ciascuna abbia la possibilità di comprendere l'origine di ogni punto di vista dell'altro, la probabilità di un disaccordo sarebbe praticamente nulla. Se si ponessero due persone non insane, con opinioni diametralmente opposte, l'una di fronte all'altra ed istantaneamente gli si desse accesso ad ogni informazione, pensiero, esperienza, emozione e schema di ragionamento prodotti o accumulati dall'altra nel corso della propria esistenza, la comprensione delle ragioni della controparte sarebbe pressoché totale. Le uniche differenze residue sarebbero dovute alla diversa e unica personalità di ciascuno e sarebbero facilmente superabili con un minimo di tolleranza. L'accordo o il compromesso sarebbero inevitabili.

Per esempio, si ipotizzi di permettere una comunicazione totale tra un soldato americano ed un integralista islamico non insani. Il soldato americano acquisisce i ricordi di morte e sofferenza causati dai bombardamenti, l'istruzione islamica dalla nascita, l'indottrinamento integralista, informazioni accurate sugli interessi e le manovre economiche delle aziende petrolifere occidentali in Medio Oriente, le bugie diffuse sul conto degli americani, i torti commessi dagli americani e *ogni* esperienza vissuta e pensiero elaborato. L'integralista islamico acquisisce l'istruzione cristiana dalla nascita, l'indottrinamento militare, la propaganda per l'arruolamento, i servizi televisivi americani sui conflitti in Medio Oriente, i principi di libertà promossi dai Padri Fondatori, le bugie sui musulmani, i torti commessi dai musulmani e *ogni* esperienza vissuta e pensiero elaborato. Alla fine del processo, i due sarebbero in effetti persone del tutto nuove e comprenderebbero intimamente l'essenza dell'altro. Sarebbero probabilmente *migliori amici*. Una macchina per la comunicazione totale istantanea non esiste, ma se si dedicasse alla comunicazione una quantità di tempo sufficiente, i risultati sarebbero "miracolosi".

A volte si ha a che fare con individui *insani*, ossia distruttivi, o con nazioni guidate da questi. Il tratto peculiare di questi individui è che identificano il prossimo come una minaccia, a prescindere da quanto questi sia in effetti benevolente od innocuo. Pare che alle due categorie di individuo, sano ed insano, riesca difficile concepire l'esistenza dell'altra: l'insano crede che gli altri lo considerino un nemico; il sano è incredulo di fronte alla malvagità, tanto che tenta, talvolta ossessivamente, di trovare giustificazioni "razionali" per quello che osserva.

L'origine dell'insania deve essere oggetto della Ricerca sul Soggetto per identificarla, prevenirla e curarla o isolarla. Questo processo non deve sfociare in una caccia alle streghe: i diritti umani restano inviolabili.

In base all'osservazione empirica, pare che vi sia un fattore causale ricorrente per molti dei criminali più feroci: la *sopraffazione*. Assassini seriali, dittatori sanguinari, pedofili e mafiosi violenti hanno spesso vissuto esperienze sopraffacenti in giovane età. Per definizione, la sopraffazione supera completamente la reazione di chi la subisce e perciò dipende tanto dalla forza dell'attacco quanto dalla capacità di resistenza individuale. Il primo metodo di prevenzione dell'insania, perlomeno nelle sue manifestazioni più brutali, consiste quindi nell'assicurare alle nuove generazioni un ambiente tollerabile.

Quando una società è guidata da insani, diventa una minaccia *reale* per le altre. In questo mondo, lungi dall'essere pacifico, una società sana (o relativamente tale) deve premunirsi contro gli attacchi di società insane, per sopravvivere.

Per quanto la maggioranza della popolazione di uno stato governato da insani possa essere individualmente sana, gli insani possono influenzare il suo comportamento tramite propaganda ed esperienze sopraffacenti, cosicché i sani adottino condotte distruttive o diventino a loro volta insani e la nazione possa essere considerata insana nel suo complesso. È evidente che, una volta destituiti gli insani, la società può rinsavire, a patto che propaganda ed esperienze negative non abbiano affondato radici troppo profonde nelle coscienze individuali.

Quando si prospetta un conflitto con una società insana, la propria comunicazione deve essere rivolta direttamente o indirettamente agli individui tendenzialmente sani di quella, cosicché siano loro stessi ad esigere un cambiamento del sistema a cui appartengono. Questo è il modo in cui si è messa fine all'URSS: la società occidentale ha offerto un esempio di libertà, diritti e benessere che le popolazioni dell'Europa orientale non potevano che preferire alla dittatura e alle ristrettezze della società comunista.

Per inciso, la società occidentale oggi rischia di perdere il proprio ruolo di modello per le altre. L'economia stagnante, la produzione fittizia, le pseudo-democrazie, l'informazione controllata da gruppi di pressione e la privatizzazione dei servizi fondamentali delineano una tendenza decadente, che potrebbe lasciare la ribalta ad altre società. Parte di essa resta ancora depositaria dei valori che hanno accompagnato la sua ascesa, ma ciò potrebbe non bastare ad evitare che società giuridicamente e filosoficamente meno progredite prendano il sopravvento, come è accaduto ad innumerevoli e grandiose civiltà del passato.

Una società sana deve essere pronta a qualsiasi evenienza nel confronto con una nazione insana. La regressione dell'Umanità è un evento che nessuna società sana in quanto tale può accettare. Per questo deve approntare i sistemi difensivi necessari.

È evidente che le armi di distruzione di massa, tra cui le armi nucleari e quelle biologiche, dovrebbero essere bandite unanimemente dai conflitti terrestri. Contemplare la disponibilità, da parte di alcune nazioni, di armi in grado di causare con relativa facilità l'estinzione dell'Uomo è completamente irrazionale: dal punto di vista della specie umana, è logicamente preferibile la vittoria di una società insana o regressiva alla morte di ogni società.

La detenzione delle armi nucleari è la questione internazionale più delicata, tanto che la Corte di Giustizia Internazionale ha ritenuto di non potersi pronunciare sulla legalità del loro utilizzo. Essa rappresenta il fulcro degli equilibri geopolitici globali e la ragione è semplice: la *legge del più forte*. Ogni competizione (economica, ideologica, ecc.) può essere esasperata fino ad uno stadio finale di conflitto totale, cosicché il vincitore ultimo di ogni rivalità è invariabilmente chi può colpire più duramente. Questo meccanismo distingue l'ordinamento internazionale da quelli nazionali.

Gran parte dei Paesi vivono in uno stato di diritto, più o meno compiuto, in cui la legge e la sua esecuzione sono imposte (più o meno) egualmente a tutti gli individui. La legge del più forte è soppressa dall'enorme apparato (giustizia, forze dell'ordine, forze armate) contro cui l'individuo si scontrerebbe se rifiutasse di conformarsi alle decisioni sistemiche, cosicché il conflitto giudiziario è normalmente l'ultimo a verificarsi. Se il singolo individuo volesse inasprire il confronto, dovrebbe combattere contro l'intero ordinamento, in pratica attuando una rivoluzione.

L'ordinamento internazionale, allo stato attuale, è lungi dal rappresentare uno stato di diritto. Nazioni firmano trattati e poi non li ratificano, oppure li ratificano e poi li denunciano (disdicono) dopo qualche anno. L'ONU è diventata un'abnormità burocratica con scarsa influenza sulle questioni internazionali. L'ordinamento del Consiglio di Sicurezza dell'ONU dettato dallo Statuto delle Nazioni Unite, firmato nel 1945, non è mai stato realizzato. L'art. 24 dello Statuto sancisce che i Membri dell'ONU conferiscono la responsabilità del mantenimento della pace internazionale al Consiglio di Sicurezza, che agisce in loro nome. L'art. 27 sancisce che tutte le decisioni del Consiglio su questioni diverse da quelle di procedura sono prese con l'unanimità dei Membri Permanenti del Consiglio (Cina, Francia, Regno Unito, Russia e Stati Uniti, ossia i primi cinque Stati per numero di testate nucleari), cosicché le decisioni sull'uso della forza devono essere approvate da tutti i Membri Permanenti. L'art. 43 sancisce che i Membri dell'ONU mettono a disposizione del Consiglio di Sicurezza, tramite un accordo o accordi speciali *da negoziarsi al più presto possibile*, le forze armate necessarie all'adempimento del compito del mantenimento della pace. L'art. 47 sancisce la costituzione di un Comitato di Stato Maggiore incaricato della direzione delle operazioni di dette forze armate. In realtà, le iniziative di mantenimento della pace sono intraprese da singole nazioni o alleanze, in particolare dalla NATO. Gli accordi menzionati all'art. 43 non sono mai stati conclusi ed il Comitato di Stato Maggiore conseguentemente non ha mai avuto ragione d'essere.

L'ordinamento internazionale è uno stato di *natura*, in cui vige la legge del più forte. Per questo la spesa annua americana per la difesa è superiore al PIL dell'Arabia Saudita e la Russia ha sacrificato la propria economia per un secolo per mantenere un apparato militare che gli si possa opporre. Per lo stesso motivo, le alleanze internazionali sono cruciali.

Il diritto internazionale esiste ed è costituito dalle consuetudini e dai trattati stipulati dagli Stati, ma manca di uno strumento di esecuzione. Questo sarebbe facilmente disponibile se tutte le Nazioni appartenessero ad un unico stato di diritto, tuttavia la creazione di una federazione terrestre è sconsigliabile al momento. I rischi sarebbero potenzialmente fatali, analoghi ma peggiori di quelli della monarchia: ad un buon governo potrebbero succederne di terribili, dai quali però non vi sarebbe scampo.

La diversità è una risorsa preziosa per la sopravvivenza ed il Progresso. Una federazione terrestre potrà essere attuabile quando l'Uomo avrà colonizzato altri corpi celesti o porzioni di spazio. La diversità dovrà essere consistente, non ridotta a poche entità nazionali. Gli ordinamenti migliori necessariamente prospereranno, i peggiori decadranno e saranno soggetti ad emigrazione finché non invertiranno la rotta.

La solidarietà e la comunicazione tra individui e tra nazioni rimangono valori imprescindibili. La Società deve essere elastica: tutrice della propria varietà, unita contro le avversità comuni. L'alleanza è il metodo pratico d'esecuzione del diritto internazionale nei confronti di nazioni insane.

LA SECONDA GUERRA FREDDA

Sebbene vi si sia prestata scarsa attenzione mediatica, al tempo di questa stesura ci si trova nel mezzo di una Seconda Guerra Fredda, sempre che la prima si sia effettivamente conclusa. Si tratta del pericolo più incombente per la vita sulla Terra.

Tre mesi dopo l'attacco al *World Trade Center*, il 13 Dicembre 2001 gli Stati Uniti hanno notificato alla Russia la denuncia del Trattato ABM, adducendo la motivazione della necessità di proteggere l'Occidente dalla minaccia mediorientale. Si trattava di un accordo firmato nel 1972 che proibiva ai due Stati di costruire missili in grado di intercettare missili balistici (*anti-ballistic missiles*, "missili anti-balistici"), cosicché, in caso di escalation nucleare, nessuna delle due parti si sarebbe potuta difendere dagli attacchi dell'altra. Si collocava nel quadro della dottrina della Distruzione Reciproca Assicurata (o *MAD, Mutual Assured Destruction*), secondo cui le conseguenze devastanti di un conflitto nucleare per entrambe le parti fungessero da deterrente per un primo attacco.

Gli Stati Uniti hanno quindi avviato l'installazione di due basi antimissilistiche in Europa Orientale sotto il vessillo della NATO: in Romania (inaugurata nel 2016) e in Polonia. La Russia, ritenendosi minacciata dalla manovra, avrebbe risposto dislocando missili per testate nucleari nell'exclave di Kaliningrad, sul Mar Baltico. Nel frattempo Mosca ha investito nella modernizzazione dell'arsenale nucleare e alla fine del 2005 ha dichiarato che le innovazioni apportate alle proprie forze strategiche, ossia a lungo raggio, avrebbero permesso la penetrazione di qualsiasi sistema di difesa. L'esclusione della Russia dal G8, la guerra in Ucraina e la crisi siriana, nella quale USA e Russia sostengono parti contrapposte, hanno definitivamente lacerato le relazioni.

Nell'attuale ordinamento internazionale, nessuna delle parti è disposta a rinunciare alle proprie armi più potenti. L'approccio immediato alla questione nucleare dovrebbe consistere innanzitutto nella riduzione dell'arsenale nucleare globale al di sotto delle soglie di estinzione e di inabitabilità della Terra.

Nessuno degli Stati militarmente nucleari ha partecipato ai negoziati del Trattato per la proibizione delle armi nucleari, aperto alle firme nel 2017, né tanto meno lo ha siglato. Il Trattato di bando totale degli esperimenti nucleari del 1996 non è ancora entrato in vigore poiché Corea del Nord, India e Pakistan non lo hanno firmato e Cina, Egitto, Iran, Israele e Stati Uniti non lo hanno ratificato. La velocità con cui si procederà al disarmo è dettata dall'impegno con cui individui, gruppi e nazioni promuoveranno la causa, che pare essere decaduta a second'ordine negli ultimi due decenni.

Secondo le informazioni disponibili, l'arsenale nucleare cinese ammonterebbe approssimativamente a 300 testate nucleari, contro le circa 6.000 degli Stati Uniti (di cui 1.700 dispiegate). La spesa militare della Cina è equivalente a poco più di un terzo di quella americana, ma negli ultimi dieci anni è quasi *triplicata*.

Permettere il deterioramento dei rapporti tra Occidente e Russia è un errore fatale. Quest'ultima, specialmente dopo l'abbandono del comunismo, è culturalmente molto più vicina all'Europa di quanto non lo sia alla Cina, così come lo era stata prima del 1917. Con un arsenale nucleare praticamente equivalente a quello americano, la Russia determina gli equilibri geopolitici mondiali, come potenziale alleato per una supremazia militare occidentale o al fianco dei cinesi per un confronto prossimamente paritetico tra i due blocchi. Il fatto che una parte dell'*establishment* americano ed europeo ne persegua l'allontanamento, piuttosto che l'inclusione, è indice d'insania.

Dopo il crollo dell'URSS, durante l'ultimo decennio del Novecento, tanto il governo quanto la popolazione russi si sono riaperti tanto all'economia quanto alla cultura occidentali. La denuncia del Trattato ABM ha segnato l'inizio di una regressione alla chiusura e all'ostilità.

Il conflitto tra le nazioni pare rappresentare una costante della storia umana, che verrà superata quando ci si renderà conto che esse sono composte da individui e che l'unica funzione di governi e parlamenti è rappresentare la volontà di questi e tale funzione sarà adempiuta. Il fatto che l'unico Paese retto da una democrazia diretta sia anche quello neutrale per antonomasia lo conferma.

ECONOMIA E DIFESA

La superiorità militare discende direttamente da quella economica. Per quanto l'URSS abbia resistito per i decenni della Guerra Fredda, il suo crollo finale ha dimostrato che il sistema sovietico non era sostenibile. Oggi è evidente che la Cina sia il concorrente principale degli Stati Uniti per il primato economico e, in quanto tale, lo potrebbe diventare anche per quello militare.

Il confronto tra i due Paesi mostra tutti i limiti del capitalismo, il cui unico obiettivo è il profitto personale, anche a scapito del benessere e della sopravvivenza stessa della propria nazione. Negli ultimi decenni la Cina è stata la destinazione di un'enorme *delocalizzazione* della produzione occidentale. Gran parte dei beni non deperibili consumati in Europa e Nord America sono prodotti lì.

La delocalizzazione della produzione, in quanto trasferimento della produzione ad un sistema economico esterno a quello originario, innanzitutto si aggiunge ai fattori menzionati sopra d'impoverimento della popolazione. Essa, diminuendo la domanda di forza lavoro nel sistema d'origine, causa un calo dell'utilità del contributo produttivo degli individui che vi appartengono e quindi dell'equivalente utilità con cui questi vengono retribuiti, se non vera e propria disoccupazione.

Per quanto aumentare la produzione di una regione meno sviluppata sia indubbiamente benefico per la società umana nel suo complesso, non vi è motivo di ridurre la produzione nel sistema originario. Dal punto di vista nazionale, la delocalizzazione è sensata quando è compensata dalla nascita di nuove tipologie e posti di lavoro nel sistema originario ed accompagnata dall'educazione dei lavoratori alle nuove mansioni. In realtà è perlopiù adottata solo per il profitto di operatori privati, come dimostrato dai tassi di disoccupazione dei Paesi occidentali.

I governi dovrebbero attuare politiche di intervento per scoraggiare tale fenomeno, per esempio applicando tasse speciali che neutralizzino il risparmio sulla forza lavoro perseguito dalle aziende con la delocalizzazione. Essi dovrebbero favorire le imprese nel proprio territorio affinché non siano invogliate o addirittura costrette a delocalizzare, innanzitutto garantendo un'imposizione fiscale razionale e tollerabile.

La delocalizzazione verso ordinamenti antitetici al proprio è doppiamente pericolosa. Una Nazione che vi indulga si impoverisce, mentre arricchisce un potenziale nemico e si rende *dipendente* da questi. Per quanto la società occidentale sia inebriata dalla finanza e dalla digitalizzazione, le necessità fondamentali degli organismi sono ben più concrete: acqua, cibo, abbigliamento, riparo, trasporto ed energia. Mentre l'Occidente si destreggia tra azioni, obbligazioni, derivati, contratti a termine, la produzione dei beni *reali* continua a defluire verso l'Oriente, presto irrimediabilmente. I "pezzi di carta" hanno mero valore convenzionale, che in caso di conflitto viene ignorato in un battito di ciglio. Privarsi dei mezzi di produzione reale a favore di ordinamenti non liberali è un atto suicida.

La delocalizzazione spesso sfocia nell'ipocrisia: mentre in patria si propugnano a gran voce i diritti di lavoratrici e lavoratori, si consumano beni prodotti in gran parte da coloro che non ne godono.

LE FORZE ARMATE

Le forze armate e le forze dell'ordine svolgono la *missione* di difendere i valori della propria nazione. I loro membri devono essere *modelli* di giustizia ed etica. Essi devono trattare gli individui che tutelano con lo stesso rispetto che spetta loro.

La struttura ideologica degli eserciti deve essere riformata, rimpiazzando l'obbedienza con la *comprensione*. L'imposizione di un'obbedienza cieca cela normalmente intenti irrazionali e distruttivi, altrimenti non sarebbe necessaria: il fatto che rappresenti un caposaldo della disciplina militare è riprova dell'irrazionalità della guerra.

La gerarchia deve rispondere alla logica della distribuzione delle funzioni ed il ricorso ad ordini urgenti, tali da non permetterne la ponderazione da parte dell'esecutore, sarebbe limitato ai casi eccezionali di emergenza in cui il valore dell'iniziativa immediata sia superiore a quello della valutazione individuale. La gerarchia, per quanto sia a volte percepita o realizzata nella prevaricazione di un individuo sull'altro, sarebbe in realtà da intendersi come semplice divisione efficiente delle mansioni: quella di decidere e quella di eseguire. Chi occupa posizioni gerarchicamente superiori deve avere la capacità di prendere decisioni, grazie alla propria abilità naturale e alla competenza acquisita in precedenti funzioni decisionali od esecutive. L'esecutore non è privato della capacità di decidere nell'esecuzione di un ordine: dopotutto egli è responsabile di ogni azione che compia, a prescindere dal fatto che essa discenda da un ordine altrui. Al contempo, l'esecutore comprende il valore della gerarchia e dell'urgenza nella sua decisione di adempiere all'ordine. Tale *comprensione* discende dall'istruzione impartita all'individuo sul valore e lo scopo della sua funzione e sul sistema organizzativo a cui partecipa.

Nel perseguimento della Sovranità Individuale, il concetto antiquato di gerarchia autoritaria, in tutti i gruppi umani, è dunque sostituito con l'*organizzazione funzionale*. La democrazia è un passo verso la sovranità individuale politica, ossia nel reame delle decisioni di rilevanza generale. A livello amministrativo, è inefficiente consultare l'intero organico su ogni questione e l'impegno propagandistico necessario a convincere della bontà di una scelta, tipico della democrazia, sarebbe insostenibile. Così la validità di un ordine discende dal principio di divisione delle funzioni e non dalla superiorità di un individuo su un altro. Così come nessuno Stato è chiamato a sottomettersi ad un altro, in virtù del principio di sovranità nazionale, così nessun individuo dovrebbe essere sottoposto ad un altro, in nessuna circostanza, in virtù del perseguimento della Sovranità Individuale.

Gli ordini devono essere soggetti alla facoltà, in capo all'esecutore, di richiederne la revisione, se sussistono motivi ragionevoli. Affinché questo principio sia sempre applicato, ogni unità armata automatizzata (drone, robot o simile) deve essere controllata da un individuo. Gli ordinamenti interni ed il diritto internazionale non dovranno permettere che ad un individuo facciano capo più unità automatizzate militari o di polizia. Si tratterebbe di una minaccia diretta alla democrazia e alla pace. La responsabilità degli atti di forza deve rimanere distribuita.

Le comunicazioni ed interazioni tra gli individui di un'organizzazione sono intrattenute ad un livello paritetico, senza alcun paternalismo. Il rispetto reciproco in quanto individui è un diritto ed un dovere essenziale. La stima e, se del caso, la riverenza sono ispirate nel prossimo con la propria condotta ed i propri successi, non dal titolo. I veri *leader* lo sono in virtù del senso di responsabilità che nutrono per il benessere dei propri simili e della consapevolezza del dovere di impiegare la propria capacità straordinaria per far funzionare le cose. Per evitare che accezioni tradizionali siano confuse con il nuovo assetto, gli ordini possono essere chiamati "decisioni".

Chi vi percepisca un'impronta socialista ricordi che il socialismo, sedicente paladino di uguaglianza e parità, ha dato esempio dei più pachidermici e prevaricanti apparati gerarchici nelle sue applicazioni, ad ennesima riprova della sua fallacia. Mentre il socialismo tende all'*abbassamento* generalizzato della popolazione, di fatto assoggettandola a pochi, l'*organizzazione funzionale* persegue l'*innalzamento* di tutti gli individui alla dignità intrinseca degli esseri umani.

⁞

IL SISTEMA RIFORMATIVO

Quello che nei vari ordinamenti è stato designato a lungo come *sistema penitenziario*, oggi, evidentemente, dovrebbe avere solo finalità *riformativa* o tuttalpiù *preservativa*.

In una società che aspiri alla Sovranità Individuale, nessuno avrebbe il diritto di infliggere punizioni. Ad eccezione dei depravati, gli esseri umani commettono sostanzialmente gli stessi "peccati", per quanto provino a celarli agli occhi del prossimo per timore di compromettere la propria immagine od essere puniti.

I segreti non sono salutari, gravano sulla coscienza e richiedono bugie per dissimularli, che sono percepite a loro volta come mancanze, innescando un circolo vizioso di segretezza e senso di colpa. Gli individui dovrebbero essere liberi di confessare qualsiasi fallo commesso, senza esserne puniti. Il rimprovero è superfluo quando l'individuo è già consapevole della propria responsabilità. Questo non esclude le conseguenze private o penali del danno cagionato, né equivale a sbandierare ai quattro venti i fatti di tutti o a bersagliare la popolazione con notizie negative: la pratica prevalente dei *media* contemporanei.

Il senso di colpa non ha alcuna utilità. Indulgervi e ritirarsi dalla vita, per disprezzo di sé o paura di ferire nuovamente qualcuno, è una colpa di per sé. Un tratto peculiare degli insani è che non provano senso di colpa. Considerano il prossimo una minaccia: indebolirlo è un atto ragionevole. A ben vedere, questo rappresenta un vantaggio per loro, poiché nessun rimorso li rallenta o distoglie dai propri obiettivi.

È dovere dell'individuo sano, per il proprio ed altrui benessere, impedire che il senso di colpa abbatta la propria energia, fiducia e determinazione nel perseguimento del progresso sociale ed individuale. Venire meno a tale dovere dà adito alla regressione perseguita dall'insano. La colpa deve tramutarsi in *responsabilità*, accettando la paternità dei propri atti e perpetuando i propri sforzi positivi.

Nessun individuo sano commette un errore ritenendolo tale al momento della commissione. Si tratta sempre di un tentativo di ottenere più bene che male. L'individuo che tradisce il proprio partner o ruba, assume stupefacenti e così via crede in quell'istante di trarne un valore (piacere fisico, emotivo, "spirituale") superiore al disvalore che produce (perdita di fiducia, salute fisica, ecc.), altrimenti non lo farebbe. A tale individuo si può tuttalpiù imputare uno scorretto bilanciamento dei valori, derivante dalla sua consapevolezza, dalla sua forza di volontà, dalla sua educazione, dalle influenze del suo ambiente, dalle esperienze e dal suo quoziente intellettivo. È evidente che i detenuti sani, probabilmente costituenti la maggioranza della popolazione carceraria, non hanno commesso i propri crimini per pura malvagità.

La riformazione del detenuto è perseguita attraverso un percorso che ne supporti e stimoli l'analisi critica individuale dell'educazione ricevuta, delle influenze ambientali e delle proprie esperienze negative. Come si può imputare disobbedienza alle regole ad un ladro cresciuto da genitori che gli hanno insegnato a rubare? L'individuo sta, a tutti gli effetti, obbedendo alle prime regole che ha appreso: quelle dell'educazione parentale.

Evidentemente, la disponibilità individuale al miglioramento della propria condizione è il presupposto imprescindibile di qualsiasi processo riformativo. L'insano non ha normalmente alcuna sincera intenzione di cambiare condotta; ritiene di essere completamente nel giusto. Il sano è tipicamente incline a qualsiasi attività costruttiva, a meno che nutra una notevole sfiducia verso l'ambiente a causa di esperienze negative precedenti, comunque sormontabile con la riformazione. In ogni caso, nessuno può essere sottoposto coattivamente a pratiche psicologiche, religiose, mediche o simili.

Un programma di riformazione dovrebbe comprendere innanzitutto un'educazione di base sulle norme ed il funzionamento della società, che offra punti di vista razionali ai quali il riformando possa comparare criticamente quelli acquisiti nel corso della propria esistenza. Ai detenuti andrebbero offerti corsi professionali per facilitarne il reinserimento sociale. I detenuti dovrebbero essere impiegati per almeno otto ore al giorno per sostenere le spese di detenzione. L'eventuale plusvalenza prodotta dal detenuto dovrebbe essergli corrisposta tramite un sistema di incentivi e bonus che gli diano accesso a migliori condizioni materiali e morali. Chi rifiuti il lavoro dovrebbe godere del solo sostentamento fondamentale in nome del principio di solidarietà sociale, comunque senza esenzione dal debito economico che ne consegua.

⸪

LA FAMIGLIA

La *famiglia* è una forma d'aggregazione fondamentale degli individui nella società. La sua importanza è dovuta alla funzione di oggettivazione dell'amore tra due persone e di educazione della prole.

La famiglia sostenta e protegge i nuovi individui finché questi sono autonomi. Nell'attuale sistema sociale, la famiglia è normalmente la forma di più stretta solidarietà tra i suoi membri. Il legame su cui si fonda deriva spiritualmente da: l'amore tra i genitori; l'amore dei genitori nei confronti dei figli; la comunità di intenti e valori costruita tramite la convivenza, la comunicazione e l'educazione; l'amore grato dei figli nei confronti dei genitori. Il legame famigliare si fonda altresì fisicamente su: l'attrazione fisica tra i genitori; l'istinto riproduttivo (perpetuazione della specie); l'istinto alla perpetuazione del proprio patrimonio genetico ("legame di sangue").

La famiglia è un'altra manifestazione della coesistenza di spirito e corpo. Il legame famigliare è spirituale e fisico e non può prescindere dalle due componenti. Legami profondissimi possono configurarsi in altre forme, ma nessuno di essi è *famigliare*, secondo la definizione di famiglia considerata qui. La monogamia, quale valore sociale ed individuale, potrebbe discendere dalla necessità di preservare tale legame e quindi tutelare la famiglia quale incubatrice dei neo-individui.

La disgregazione della famiglia comporta lacune notevolissime nello sviluppo del nuovo membro della società, poiché compromette: il sostegno materiale e morale; la protezione materiale e morale; l'apprendimento dei valori personali, famigliari (per la costituzione di una futura nuova famiglia) e sociali (le norme morali e legali); l'apprendimento delle nozioni elementari (coscienza di sé e dell'ambiente); l'apprendimento delle abilità elementari individuali (tra cui la lettura, la scrittura ed il calcolo) e sociali (la comunicazione, le maniere, le consuetudini).

Le caratteristiche fisiche di uomo e donna hanno comportato tradizionalmente una differenziazione delle funzioni. Allo stato umano medio attuale, in cui l'individuo non è in grado di abbandonare la materialità della propria esistenza, trascurare le differenze tra i due sessi in nome dell'asessualità dello spirito è un tentativo tanto nobile idealmente quanto oggettivamente sciocco; farlo in una società materialistica è farisaico.

L'anatomia del corpo femminile è funzionale alla riproduzione più di quanto lo sia quella maschile, che a sua volta è più votata al lavoro, nel senso più scientifico del termine: forza applicata lungo una distanza (nell'esistenza primitiva: sollevare una pietra di x kg ad y metri da terra, trascinare una preda per z km e così via). La frequenza relativamente elevata del ciclo ovulatorio, con i suoi effetti fisici e mentali sull'individuo, influenza costantemente l'organismo.

Il Progresso, in quanto espansione del dominio della ragione sulla materia, ha reso il lavoro umano via via meno fisico. Questo ha permesso la parificazione dei generi in molte professioni.

Tuttavia, la tendenza equiparativa degli ultimi decenni, fortemente influenzata da una propaganda inneggiante alla "giustizia sociale", ha finito per ignorare *ingiustamente* le differenze organiche tra i sessi. Molte donne durante la mestruazione sono costrette ad assumere antidolorifici per non assentarsi dal posto di lavoro e non intaccare la propria produttività, ossia per eguagliare la produzione maschile. L'assunzione di farmaci dovrebbe essere riservata al trattamento di condizioni patologiche, non *fisiologiche*. In molti Paesi, il congedo di maternità è di pochi mesi e coincide con il solo periodo medio d'allattamento, costringendo molte donne a trascurare la propria funzione materna oltre lo svezzamento. Ecco servita l'ingiustizia in nome dell'"uguaglianza".

Il nocciolo della questione non pertiene alle legislazioni nazionali, che nel migliore dei casi mirano ad un contenimento dei costi assistenziali, ma ai "costumi" della società e, in particolare, alla propaganda che li ha instaurati.

La deriva materialistica degli ultimi decenni ha prodotto una società consumistica nella quale il valore individuale è misurato dal *possesso* di beni materiali (i cosiddetti *status symbol*). L'individuo è "costretto" a consumare la propria ricchezza in vacanze ai tropici da condividere sui social media, arredamento di design, dispositivi elettronici, racchette da tennis, mazze da golf e borse di plastica griffate. Questo e la mancata produzione ed ogni altro genere di scambio iniquo hanno impoverito la popolazione.

La famiglia media oggi ha un figlio, è mantenuta da due genitori e vive in affitto o si sobbarca un mutuo trentennale per l'acquisto di un appartamento. Cinquant'anni fa, la famiglia media aveva due figli, era mantenuta da un padre operaio o artigiano e viveva in un'abitazione di proprietà.

In questa prospettiva, l'essenza dell'equiparazione economica affiora e sbugiarda le apparenti aspirazioni di equità di movimenti che tanto agevolmente hanno trascurato le istanze femminili: le donne, nel sistema sociale materialistico odierno, sono *costrette* a lavorare. Alle donne dovrebbe essere garantito tanto il diritto di lavorare quanto quello di essere madri, ma ancor più quello di *essere donne*.

Il materialismo, inteso come l'identificazione dell'Io con il corpo, ha cambiato la gerarchia dei valori personali e sociali, cosicché il denaro ed i beni materiali stanno soppiantando qualsiasi altro valore al suo vertice, tra cui la cura dei figli e la famiglia in genere.

L'uguaglianza dei diritti umani e civili, che rappresenta il *vero* progresso recente dell'equiparazione di genere, non avrebbe comportato l'*identificazione* della donna con l'uomo se il denaro, conseguenza del lavoro, non fosse assorto a valore primario tanto delle società capitalistiche quanto di quelle comunistiche e di ogni altro tipo.

Vi sono ovvie ragioni biologiche per cui la donna si è tradizionalmente occupata della crescita della prole, propria o altrui: *in primis* l'istinto materno, condiviso con gran parte delle altre specie animali. *In secundis*, il ridotto livello di testosterone comporta una forza muscolare ed un'aggressività inferiori a quelli maschili, rendendo la femmina fisiologicamente più adatta alla convivenza stabile con il nuovo individuo. Per quanto l'essere umano medio sia dotato di una proporzione spirito-corpo ben superiore a quello delle altre specie terrestri, cosicché le proprie emozioni siano di origine primariamente spirituale, ormoni, droghe e farmaci sono capaci di influenzarne lo stato d'animo, in maggior o minor misura. Il testosterone influenza anche il desiderio sessuale e, secondo le statistiche dell'FBI, il 96 per cento dei pedofili è di sesso maschile.

A ben vedere, la ragione per cui il corpo femminile è più adatto alla cura dei figli è dovuto alla naturale *specializzazione* degli organismi. La diversità, di nuovo, è una risorsa fondamentale per la vita e la divisione delle funzioni all'interno di qualsiasi gruppo, dalla famiglia all'Umanità, garantisce l'efficienza necessaria alla sua sopravvivenza.

L'uguaglianza tra donna e uomo è parità di diritti e dignità. Pretenderne l'uguaglianza fisica e comportamentale è assurdo e chi la proclama è ingenuo o persegue secondi fini.

Il disgregamento dell'unità famigliare, perpetrato con l'allontanamento della donna dai figli, ha conseguenze economiche e politiche nefaste. Un bambino abbandonato a se stesso, quando ancora non è autonomo, può accusare lacune fisiche, comportamentali, emotive, mentali e spirituali nel corso della propria esistenza. Ciascuna di esse ha un costo economico per la società: costi educativi, sanitari, giuridici e, nel peggiore dei casi, riformativi. Questi devono essere stornati dal valore prodotto dalle donne lavoratrici nel bilancio sociale.

La sottrazione dei nuovi individui all'educazione famigliare ed il loro inserimento nell'educazione standardizzata, al pari dell'indottrinamento fascista, nazista e comunista, uniforma il contenuto educativo e tende all'omogeneizzazione dell'*output* del sistema educativo: l'individuo *standardizzato*.

Il contenuto educativo standardizzato, in quanto stabilito dai ministeri dell'istruzione, è soggetto all'influenza politica del governo in carica ed è condito dalle opinioni della classe insegnante. Come nelle dittature totalitarie, la costruzione dei valori nei giovani individui è usurpata dall'apparato statale.

L'intervento dello Stato nella famiglia dovrebbe limitarsi a garantire un ambiente tollerabile al bambino. La società e l'educazione dovrebbero essere sufficientemente inclusive da offrire al neo-individuo prospettive alternative a quelle propostegli quotidianamente dai genitori, senza defraudare questi del proprio ruolo.

LA LEADERSHIP

Finché la Sovranità Individuale non è realizzata, è fisiologico che le porzioni di popolazione siano spontaneamente rappresentate in qualche misura da *leader*. La loro funzione è *ispirare*, *servire* e *coordinare* il gruppo che rappresentano. Il loro scopo dovrebbe essere il progresso sociale, ovvero, negli ordinamenti attuali, il passaggio dai totalitarismi alla democrazia e dalla democrazia indiretta a quella diretta.

I leader accompagnano la comunità lungo il cammino dell'evoluzione, non la catapultano in situazioni alle quali non è preparata. Convertire una dittatura secolare, i cui cittadini hanno perso senso di responsabilità e capacità decisionale, in una democrazia diretta, dall'oggi al domani, produrrebbe caos, con effetti regressivi di breve termine.

Gli esempi storici sono innumerevoli. La Rivoluzione Francese ha visto il passaggio da una monarchia assoluta ad una breve parentesi repubblicana, alla dittatura napoleonica, a mezzo secolo di instabilità tra restaurazioni della monarchia e ulteriori rivoluzioni. La differenza con la precedente Rivoluzione Americana risiede nei leader che vi hanno preso parte e nell'assetto amministrativo preesistente. In America vi fu una concentrazione straordinaria di figure moralmente eccezionali, in un ristretto lasso di tempo, che garantì una guida illuminata e stabile nei delicati primi decenni di vita del nuovo Stato: i leader saggi e determinati della rivoluzione si susseguirono alla presidenza per quasi trent'anni (Washington, Adams, Jefferson, Madison). I sistemi costituzionali delle Tredici Colonie includevano già organi legislativi elettivi.

Il crollo dell'URSS negli anni '90 è stato seguito da un decennio di gravissima crisi economica, accompagnata da un dilagante incremento della criminalità e della corruzione. Dopo quasi un secolo di comunismo, una popolazione disavvezza alla responsabilità politica e all'iniziativa privata è stata proiettata in un modello para-occidentale di democrazia indiretta e libero mercato. Così, a distanza di trent'anni, l'economia è ancora controllata dai cosiddetti *oligarchi*, i pochi imprenditori impossessatisi delle grandi aziende sovietiche durante le privatizzazioni ed i loro discendenti, ed il potere politico è marcatamente centralizzato. Per quanto aspramente criticato da parte della classe dirigente occidentale, questo sistema è l'ovvia conseguenza di ottant'anni di comunismo e della sua inevitabile fine, insieme alla carenza di leader capaci di ispirare, servire e coordinare la transizione agli albori della Federazione Russa. D'altronde, il substrato culturale ed ideologico esistente ricopre un ruolo notevole nella nascita ed emersione di buoni leader.

Il leader ideale possiede tutte e tre le abilità. Egli o ella è innanzitutto in grado di comunicare concetti alle persone. Questo non richiede una laurea in letteratura né tanto meno loquacità. Richiede una ferma convinzione nei principi che si propugnano e la capacità di renderli comprensibili.

Gran parte dei politici si sono soffermati esclusivamente sulla comunicazione, trasformando la classe politica in una schiera di venditori senza competenze gestionali né valori, al servizio di chi decide ed amministra nell'ombra. Simmetricamente, gran parte della popolazione presta attenzione all'aspetto e all'eloquenza del politico più che ai concetti che esprime e ai *fatti*. Il cittadino medio si lagna della loro inconcludenza, ma non cambia il criterio di scelta dei propri rappresentanti: i movimenti po-

polari alternativi ai partiti tradizionali, dai quali emerge continuamente lo *stesso* tipo di figura, lo dimostrano.

D'altro canto, vi sono leader che suscitano antipatia in una parte della popolazione per i propri toni o personalità, ma che hanno dimostrato *nei fatti* di perseguire il bene comune molto meglio dei loro concorrenti. Per quanto sia preferibile essere guidati da un individuo i cui modi suggeriscano equilibrio e stabilità di spirito e condotta, i fatti sono di gran lunga più importanti delle apparenze e, nella società attuale, la soluzione ideale è spesso *molto lontana* dall'opzione migliore disponibile in un dato momento.

La leadership sociale e politica è una missione, come tutte le funzioni pubbliche. È filantropia. Il suo scopo è il bene comune, ossia il Progresso degli individui e della società. È animata dal desiderio di porre fine alle sofferenze degli esseri onesti e di dar loro il mondo che meritano. È ispirata dalla volontà di risparmiare i bambini da realtà sopraffacenti ed alienanti e di preservare l'essenza individuale di tutti. Il leader prende decisioni prescindendo dall'interesse personale. Si tratta di un talento raro, dalla cui disponibilità discende la responsabilità di guidare gli altri. È una responsabilità intimamente sentita, a cui non si può e non si vuole sfuggire.

La storia è ricolma di personaggi capaci di conquistare consenso, ma motivati dalla sete di denaro, potere e gloria piuttosto che di Progresso. Talvolta si è trattato di una commistione di buone intenzioni ed interesse personale. Il lavoro del buon leader merita di essere ripagato con ricchezza e considerazione, ma le sue decisioni devo essere dettate esclusivamente dallo Scopo sociale. La sua più grande ricompensa è il *successo* dei suoi sforzi: la soddisfazione di essere riuscito nell'intento di aiutare i propri simili e se stesso. Per definizione, il successo in senso proprio è il raggiungimento dell'obiettivo prefissatosi; solo in senso estensivo è la notorietà che ne deriva.

Il leader deve essere in grado di gestire un gruppo. Deve poter elaborare strategie ed ottenerne l'esecuzione. Deve saper delegare potere e responsabilità. Il buon leader è un bravo amministratore: le migliori idee, senza pianificazione ed attuazione sistematica, raramente si realizzano.

Identificare e formare i propri potenziali successori è un aspetto essenziale della buona organizzazione. Il Progresso non è perseguito né realizzato nell'arco di un'esistenza. La pianificazione deve essere lungimirante e trascendere gli attori attuali. In questo tratto, tutti e tre i costituenti della leadership giocano il proprio ruolo. A tutti gli effetti, la leadership di colui che ha saputo ispirare, servire ed amministrare sufficientemente bene sopravviverà alla sua morte.

Molti dei migliori uomini hanno fissato obiettivi destinati ad essere raggiunti dopo la loro dipartita: la grandezza di una visione è quasi misurabile con il tempo necessario alla sua realizzazione. La capacità di accantonare l'interesse personale gli ha consentito di rinunciare all'ammirazione da parte dei propri contemporanei. L'"interesse personale" di questi individui, ovvero il loro desiderio più intimo, è il Progresso per sé e la società. Si tratta di uomini coraggiosi, tanto sicuri delle proprie convinzioni da non cercare l'approvazione immediata dei loro simili e perseverare a dispetto del disinteresse o del disprezzo di questi. Del resto, grazie alla velocità di comunicazione e movimento permessa dall'avanzamento della tecnologia, oggi i cambiamenti sono molto più rapidi che in passato.

La durata di un movimento può fungere da misura della qualità della leadership che lo ha originato. I movimenti più longevi, che trascendono la geopolitica nei secoli e millenni, sembra-

no essere quelli religiosi. Il Cristianesimo, ad esempio, è soprav-
vissuto dall'Impero Romano, attraverso monarchie, democrazie
e dittature, fino all'"impero" americano. Gesù Cristo, come viene descritto, fu indubbiamente un grande leader, incarnando tutte e tre le abilità essenziali. Indiscutibilmente fu in grado di ispirare e servire i suoi seguaci. La sua consapevolezza fu tanto
salda da non indulgere in compromessi con l'ambiente ostile. Il
suo spirito altruistico gli permise di rinunciare alla vita per la
sua causa. Inoltre, *scelse* gli Apostoli, i quali avrebbero costituito la Chiesa di Gerusalemme e diffuso la nuova fede nel mondo.
Ciò rappresentò una forma di organizzazione tanto semplice
quanto, evidentemente, efficace. Similmente, in Oriente, Gauta-
ma Buddha fondò e regolò la comunità monastica buddista, che
ad oggi vanta due millenni e mezzo di vita.

La ragione per cui i movimenti religiosi sono i più radicati e
duraturi risiede nello Scopo che si prefiggono: la salvezza o la
libertà spirituale. Ciò rivela la tendenza preminente degli individui a perseguire un'esistenza ultracorporea. Nessun movimento
materialistico sembra poter perseguire la soddisfazione di una
necessità più pressante di quella e nessun movimento artistico,
letterario o politico eguaglia quelli religiosi in termini di longevità.

Per i materialisti, la religione è un desiderio illusorio di immortalità, ma ben pochi di loro sembrano capaci di reggere il peso della "disillusione" e in gran parte ammettono di soffrire di
depressione o altri "disturbi mentali" e/o assumono regolarmen-
te droghe, psicofarmaci e/o alcool. L'Uomo può trovare la felicità solo nell'illusione? È veramente condannato ad un'esistenza
miserabile? La sua evoluzione biologica è tanto fallata dall'avere
prodotto un essere vittima delle sue stesse riflessioni esistenziali,
la cui efficienza sostentativa è compromessa dalla sua apatia o

dall'assunzione di sostanze psicotrope, tossiche per il suo stesso organismo?

La società *globale* odierna si sta avvicinando ad una fase senza precedenti nella storia umana conosciuta, in cui il numero di individui materialisti, che concepiscono se stessi meramente come corpi, è superiore a quello di coloro che hanno un qualche concetto di esistenza spirituale. Questo sta avvenendo sotto la pressione, da un lato, della deriva materialistica occidentale e, dall'altro, del comunismo orientale. I movimenti religiosi tradizionali stanno decadendo principalmente per propria colpa, avendo ceduto essi stessi alla spinta materialistica che li ha portati ad anteporre la ricchezza materiale a quella spirituale, e in una certa misura per mano della propaganda materialistica, trascinando con sé nell'oblio anche le dottrine che rappresentano.

Affinché un nuovo movimento sociale sia longevo, è necessario che esso si proponga uno scopo che gli permetta di essere tale, che trascenda i bisogni contingenti della società presente e persegua il benessere degli individui di ogni epoca. Un tale movimento deve inserirsi nella storia umana in questo esatto momento di transizione della spiritualità. Tra gli estremi della religione dogmatica passata e del potenziale materialismo futuro, si è aperto di fronte all'Uomo il sentiero di mezzo che può portare alla conoscenza di sé, in un contesto di massimo sviluppo della scienza, della tecnologia e del diritto. Il prezzo di non cogliere *questa* opportunità potrebbe essere l'estinzione di questa ed altre specie.

Il materialismo indebolisce la leadership. I grandi leader del passato, contemplando per sé e gli altri un'esistenza ultraterrena, hanno trovato più agevolmente l'ardire necessario per imprese rischiose e obiettivi lungimiranti, spesso inimicandosi i potenti e talvolta rinunciando alla vita.

La "filosofia" moderna propugna l'idea che non vi siano *certezze*. L'incapacità di ricavare certezze dall'osservazione o dal pensiero logico è profondamente inabilitante. Il leader che non abbia convinzioni non può genuinamente ispirare nessuno né tantomeno servire il prossimo. Può al massimo essere un bugiardo, in quanto fautore di cause in cui non crede.

$$\dot{=}$$

LE RISORSE

FINITEZZA ED ETERNITÀ

Il conflitto tra spirito e corpo è causa di problemi persistenti, che si risolveranno definitivamente solo quando una componente prevarrà sull'altra. La disponibilità di risorse naturali è uno di questi.

Per quanto l'Universo appaia infinito, la realtà umana ha abituato alla finitezza della materialità. Alla potenziale infinità dello spazio non corrisponderebbe necessariamente l'infinità della materia.

L'Uomo dovrebbe stilare un bilancio delle risorse disponibili sulla Terra, del loro sfruttamento e del loro rinnovamento. L'obiettivo sarebbe il raggiungimento dell'equilibrio tra risorse ricavate (o rinnovate) e risorse impiegate.

Un'altra conclusione empirica sulla natura dell'Universo fisico è l'impermanenza (temporaneità) delle condizioni. Ogni suo ente è costantemente soggetto all'influenza di un altro elemento, forza od energia. Il cambiamento è continuo, l'eternità non pare essere attributo di niente, se non tuttalpiù di una quantità di energia disponibile iniziale.

Ogni risorsa naturale, come il calore endoterrestre e l'energia solare, è destinata a cessare ed il progresso tecnologico ha la funzione di rimpiazzarla. Il rinnovamento artificiale (riciclaggio) della materia al momento non è completamente efficiente, cosicché parte della risorsa è dispersa.

Se l'Uomo non sarà in grado di soddisfare il criterio di economicità per la propria sussistenza, ossia l'equivalenza tra costi e ricavi in termini di risorse, si estinguerà. Se anche riuscisse a conquistare l'intero Universo, a scapito di tutte le specie concorrenti, le risorse alla fine si esaurirebbero, a meno dell'infinità della materia. L'eliminazione delle altre specie avrebbe comunque un costo notevolissimo in termini di compromesso tra spirito e corpo, accettabile solo per una specie che abbia perduto gran parte della propria componente spirituale e, quindi, del proprio senso di solidarietà.

Ogni specie dominante, per sopravvivere a lungo, deve prendersi cura del proprio ecosistema, poiché questo la sostenta. Se la specie al vertice della catena alimentare uccidesse un numero eccessivo di individui delle specie che la nutrono, causerebbe la riduzione della propria popolazione, fino al ritorno ad un equilibrio sistemico. Se la stessa specie uccidesse *tutti* gli individui di cui si nutre, si estinguerebbe.

Nel momento in cui l'Uomo avrà raggiunto l'equilibrio di bilancio delle risorse, avrà prodotto un sistema sostenibile, capace di sostentarlo durevolmente.

Analizzando la realtà in termini più oggettivi, è inevitabile osservare la presenza di fattori che riducono ad infinitesimo la probabilità che la specie umana sopravviverà per sempre. Questo è un fatto tanto ovvio quanto negletto, in quanto confliggente con l'istinto primario di ogni specie di sopravvivere.

Nulla sembra essere capace di eternità nell'Universo fisico. Ciò rappresenta l'essenza del conflitto tra spirito e corpo: lo spirito concepisce l'eternità e l'auspica per sé; l'eternità dell'anima è il presupposto di tutte le religioni.

L'eternità è un attributo essenziale, non contingente. Non dipende dalle circostanze. L'eternità di un ente può essere esclusa nel momento in cui esista almeno una minaccia alla sua esistenza. Matematicamente, ad un tempo infinito, anche l'evento meno probabile, ma possibile, si verifica. Data la ciclicità delle condizioni nell'Universo, è tuttavia probabile che nuova vita sorga, se quella attuale si estinguesse, in qualche punto successivo remoto del tempo.

IL SOVRAPPOPOLAMENTO

L'obiettivo fondamentale di tutte le specie è la sopravvivenza, che si qualifica in termini di qualità e quantità. I caratteri qualitativi della sopravvivenza possono identificarsi nel grado di sicurezza, agio e longevità dell'esistenza individuale, determinato dalla disponibilità individuale di risorse. La quantità è il numero di individui appartenenti alla specie. La natura, come per ogni altro processo, tende ad un punto di equilibrio tra i due valori. L'istinto di riproduzione è secondo solo all'istinto di sopravvivenza individuale negli animali e talvolta addirittura vi prevale. Quando vi è abbondanza di risorse, i neo-individui hanno più possibilità di sopravvivere e vi è un aumento della popolazione specifica. Se l'incremento è eccessivo, cosicché le risorse non siano sufficienti al sostentamento di tutti gli individui, i più deboli tra questi periscono e la popolazione si riduce. In questo modo, ogni specie tende naturalmente ad un compromesso funzionale tra qualità e quantità della propria sopravvivenza.

La crescita demografica perseguita naturalmente da ogni specie la porta ad ampliare il proprio ambiente. Man mano che l'Umanità e le altre specie estenderanno il proprio campo d'azione a nuovi pianeti, sistemi planetari e galassie, finiranno necessariamente per incontrarsi o scontrarsi. Come sulla Terra, civiltà spiritualmente meno evolute di altre potranno prevalere.

La ragione umana è portata a perseguire l'equilibrio prima che la natura faccia il proprio corso, nel tentativo di risparmiare risorse e sofferenze individuali. Conseguentemente, sono state avanzate varie teorie sul sovrappopolamento della Terra e sulla limitazione della crescita demografica. Innanzitutto, è necessario accertarne le fondamenta scientifiche, specialmente matematiche, alla luce di un accurato bilancio delle risorse. In secondo luogo, ne deve essere verificata l'origine, così come gli eventuali interessi particolari dei loro autori.

Qualità e quantità sono entrambe essenziali alla sopravvivenza di una specie. Limitare la quantità in favore della qualità può avere effetti disastrosi. La realtà dimostra che una specie, una civiltà, una razza, una nazione, un'azienda od un gruppo più numeroso di un altro ha più possibilità di prevalere.

Si dovrebbe accertare quale livello minimo di qualità sia perseguito da dette teorie: in una società consumistica, esso potrebbe essere fissato ben al di sopra di quello cui corrisponderebbe il compromesso più efficiente tra qualità e quantità.

. La riproduzione, in quanto unico mezzo di mutazione genetica, permette la diversificazione biologica. Una riduzione del tasso di riproduzione rallenterebbe l'evoluzione della specie.

Talune di tali teorie argomentano che il livello di salute individuale sarebbe inversamente proporzionale al tasso di crescita della popolazione di un gruppo umano, cosicché ad un miglioramento delle condizioni sanitarie individuali corrisponderebbe un rallentamento della crescita. Esse dunque identificano nella *sanità* uno strumento per contrastare il sovrappopolamento. La

motivazione risiederebbe nel fatto che: se la probabilità di sopravvivenza degli individui aumentasse, la necessità di procrea-
re in eccesso verrebbe meno. Per esempio: se una coppia considerasse un numero totale di tre figli come ideale (in termini di
sostegno alla propria anzianità, di contributo alla specie o di
qualsiasi altro criterio), dovrebbe generare sei nuovi individui,
in un ambiente in cui la probabilità di sopravvivenza fino all'età
adulta sia del 50 per cento; se tale probabilità aumentasse al 75
per cento, ne dovrebbero generare solo quattro.

A ben vedere, si tratta di un'argomentazione capziosa. Infatti,
l'incremento demografico è *prodotto* dal miglioramento della salute individuale, senza il quale i nuovi individui non avrebbero
la possibilità di sopravvivere e quindi costituire tale incremento.
Gli intenti autentici di chi impieghi la "sanità" per il controllo
demografico andrebbero investigati approfonditamente. Il perseguimento di intenti criminosi dietro una parvenza di solidarietà è
un espediente tipico quanto insidioso degli individui insani per
ottenere l'approvazione dell'opinione pubblica.

Ciò che produce un rallentamento o addirittura un annulla-
mento della crescita demografica è un cambiamento del paradigma sociale, ossia dei *valori* di un gruppo umano. Una società
materialistica e consumistica tende a privilegiare la *qualità materiale* individuale disponibile, *in primis* per sé e *in secundis* per
la propria prole, rispetto alla *quantità* (numero di individui).
Questa è la tendenza abbracciata dalla società occidentale, che
potrebbe farla soccombere a società dedite a valori più tradizionali, a meno che non muti in *tendenza globale*.

Perfino in termini materialistici, per cui si vive una volta sola
e solo come corpo, la negazione del piacere dell'esistenza al
prossimo per permettersi un *tablet*, un'auto più grande o un arredamento più raffinato suona estremamente egoistica; in effetti in

misura anche maggiore che non in prospettiva religiosa, nella quale la vita non si limita ad (una) esistenza corporea. Inoltre, sarebbe in totale contraddizione con l'accanimento materialistico al sostentamento di individui gravemente disabili che *non* sono in grado di godere del piacere dell'esistenza, ossia di percepire, comunicare e muoversi. Il materialismo, come tutti gli eccessi, è fallace, sbilanciato ed incoerente.

LA VIA D'USCITA

La competizione tra specie, la necessaria crescita demografica e, in generale, la ciclicità dell'Universo e delle sue parti palesano una cruda verità: non vi è soluzione materiale al problema umano delle risorse, né tanto meno ad ogni altro conflitto tra spirito e corpo, per qualunque specie vivente. Se anche l'Uomo raggiungesse la perfetta rinnovabilità delle risorse, limitasse volontariamente la propria espansione e convincesse ogni altra specie a fare altrettanto, la vita nel suo complesso sarebbe ancora soggetta ai fenomeni cosmici, come il raffreddamento dei pianeti, l'esaurimento delle stelle e così via.

Vi è solo un'infinità di *compromessi* a sostentare la vita, tra *due esiti finali*: quello *materiale*, in cui la vita si estingue ed ogni corpo torna allo stato di materia inanimata, e quello *spirituale*, in cui gli individui esistono in quanto spirito libero dai vincoli della materia. In entrambi i casi vi sarà un distacco tra spirito e corpo e la fine degli *esseri viventi*. La differenza risiederà nella modalità della separazione (forzata e passiva nel primo caso, volontaria ed attiva nel secondo) e nella condizione dello spirito. Nel secondo caso, lo spirito avrà realizzato il suo potenziale al punto da innalzarsi al disopra della materia; nel primo, potrebbe essere quantomeno sconfitto, se non quasi incosciente, qualora la deriva materialistica sia stata tanto profonda da farlo identificare con il proprio corpo e considerarsi "morto" al decesso di quello.

L'unico modo in cui un essere umano può sopravvivere felicemente senza offuscare la propria consapevolezza con alcool, droghe, psicofarmaci o altri mezzi sembra essere la speranza, per quanto minima e recondita, di esistere in eterno in qualche forma. Anche il materialista felice, sempreché esista, nutre una speranza, ancorché remota, di sopravvivere in eterno in quanto corpo. Anche il materialista felice ed altruista, sempreché esista, spera nell'eternità della propria specie. Anche il materialista felice e lungimirante, se esistesse, spererebbe nell'eternità della vita nell'Universo.

Alla visione di cui sopra si potrebbe obiettare che i conflitti descritti non riguardino spirito e corpo, ma siano interni all'esistenza materiale. In quell'ottica, i desideri contraddittori servirebbero a perseguire il miglior compromesso ai fini della sopravvivenza. Per esempio, il conflitto tra la fame e la riluttanza ad uccidere un animale porterebbe l'individuo ad uccidere solo quando strettamente necessario, così da non distruggere il proprio ecosistema e realizzare la più efficiente allocazione delle risorse. Ancora, il conflitto tra la pulsione sessuale ed il senso di fedeltà coniugale potrebbe spingere l'individuo a scegliere il partner più soddisfacente per la riproduzione e lo sviluppo e la cura di una famiglia.

Tuttavia, la "consapevolezza" da parte dell'Uomo di un tale stato di cose, in cui l'insoddisfazione ed il dolore siano intrinsechi all'esistenza ed imprescindibili, in cui non vi sia speranza di eternità, lo rende infelice, meno attivo ed immorale, riducendone la capacità di sopravvivenza e annullando l'eventuale utilità dei conflitti interiori.

L'Uomo, come ogni altro individuo o società, è perso senza lo Scopo. La consapevolezza che la sua componente materiale abbia in destino la fine certa lo priva di qualsiasi scopo terreno degno della sua intelligenza e gli rivela l'unica via percorribile: quella dello spirito. Ogniqualvolta persegua uno scopo diverso da quello che gli pertiene, quali scopi limitati o parziali, produce delle distorsioni nella propria evoluzione e si perde completamente al suo raggiungimento. Le civiltà del passato lo hanno dimostrato: perseguendo l'espansione territoriale, la gloria, il potere materiale, si sono estinte dopo il successo. I più grandi imperi che abbiano dimorato sulla Terra sono crollati su se stessi nonostante il vantaggio schiacciante su qualsiasi rivale esterno.

Nella società occidentale, lo scopo individuale è la *ricchezza* e si manifestano i segni del suo conseguimento: individui annoiati, dipendenti da stupefacenti, egoisti, disorientati, maniaci, depressi, apatici, infelici. A meno di un cambiamento repentino, il destino della società occidentale è chiaro. Qualsiasi attività *cessa* al raggiungimento del proprio scopo.

Lo Scopo naturale degli individui è il massimo grado di benessere, in termini qualitativi di *felicità*, *libertà*, *capacità* e *conoscenza*, e quantitativi di *longevità*. L'individuo, al raggiungimento dello Scopo, porterebbe i tratti di quanto tradizionalmente è stato definito come *Dio*: un essere *onnipotente* ed *eterno*. Lo Scopo non è raggiungibile per il corpo. Mentre l'eternità è stata "concessa" ad ogni anima dalle religioni tradizionali, l'onnipotenza è rimasta attributo del dio o degli dèi cui gli individui sarebbero assoggettati. Al superamento della monarchia od oligarchia religiosa e all'affermazione della sovranità spirituale individuale, si riconosce all'individuo la sua *essenza*, cosicché il perseguimento dello Scopo è in effetti un ritorno allo stato di Sé.

III

LA SCENA ATTUALE

ANATOMIA DELLA DEMOCRAZIA

Come visto sopra, il consenso in una società democratica è il pilastro portante del potere politico. Fintantoché vi è un'opinione maggioritaria, il sistema democratico funziona. Dall'obiettivo di conquistare il consenso sono derivate le battaglie a suon di propaganda, tra i diversi centri d'interesse, che hanno caratterizzato la società a partire dall'esautorazione delle monarchie occidentali.

In una democrazia ideale, la società sarebbe composta nella sua totalità da individui mentalmente sani, che, in quanto tali, condividerebbero lo *scopo* del benessere generale. Gli individui sarebbero dotati di conoscenza e capacità logica tanto elevate da concordare anche sui *modi* per raggiungerlo, con il minimo compromesso. In effetti, questo rappresenterebbe l'ultimo stadio della democrazia, ovvero la sua fine, quando gli individui sarebbero tanto razionali e abili da potersi autogovernare: la Sovranità Individuale.

In pratica, vi sono alcuni individui insani (chiamiamoli "lupi") che non condividono lo scopo del benessere comune, poiché considerano il prossimo una minaccia. Vi sono alcuni individui decisamente sani (i "pastori") che supportano attivamente lo scopo, poiché considerano il prossimo un essere degno di rispetto ed una risorsa. Il resto della popolazione (il "gregge") è tendenzialmente sano, ma soggetto alla direzione degli altri e dei propri interessi personali contingenti. L'immagine che un individuo offre di sé non corrisponde necessariamente alla sua propensione intima, cosicché si incontrano lupi travestiti da pecore o addirittura da pastore.

Vi sono esseri insani dotati di intelligenza elevata ed un'ottima conoscenza del sistema, che usano queste per accrescere il proprio potere e sottomettere il prossimo. Questo è il caso di politici ben preparati che prendono sistematicamente le decisioni sbagliate o commettono "errori" grossolani, come l'economista che aumenta le tasse durante una recessione, la cui condotta è semplicemente dolosa. Vi sono esseri tendenzialmente sani con una scarsa educazione o poco senso critico.

L'unico strumento di cui gli insani dispongono, in un sistema democratico, per sopperire alla propria inferiorità numerica è la propaganda attraverso i *media*, la cultura e l'istruzione, la cui efficacia deriva dalla carenza originaria di conoscenza e/o intelligenza del pubblico.

Le soluzioni promosse nel corso della storia per ovviare alle debolezze della democrazia sono principalmente tre, di cui due regressive. Una è il ritorno alla monarchia, il cui sovrano può essere chiamato indifferentemente re, dittatore, imperatore, ma la sostanza è che un solo individuo ha potere incondizionato sugli altri. È quanto accadde a Roma nel 44 a.C., quando il Senato proclamò la dittatura perpetua. Questa soluzione potrebbe produrre risultati eccezionali per al massimo qualche decennio, se il nuovo monarca fosse un uomo sano e saggio, ma minerebbe il sistema a lungo termine, innanzitutto ponendo il problema della successione. Se si trattasse di "monarchia elettiva", ossia la popolazione esercitasse il proprio potere di scelta solo per l'elezione di un nuovo monarca a cui riconsegnare la sovranità, si concederebbe l'opportunità ad individui insani di accaparrarsi il potere totalitario per mezzo della propaganda. Ciò sarebbe facilitato dal fatto che la popolazione, esercitando la sovranità solo saltuariamente, perderebbe interesse verso la politica e quindi conoscenza e capacità di giudizio sui temi politici.

La ragione più importante per cui il ritorno alla monarchia (o all'oligarchia) non è una soluzione valida è che non tende ad un incremento della capacità e della responsabilità individuali e quindi al Progresso, bensì muove nella direzione opposta. È come un genitore che non permette al figlio di crescere. L'individuo a cui venga offerta la carica di monarca, se fosse un vero leader, la rifiuterebbe giacché consapevole di causare regresso. Si dimostra così logicamente l'impossibilità che un nuovo monarca possa essere un leader tanto dotato da giustificare il ritorno alla monarchia.

La seconda "soluzione" è il divieto della propaganda. Questo rappresenta una violazione della libertà fondamentale d'espressione e va aborrito in quanto tale.

L'unica soluzione, la più laboriosa ma la sola efficace, è la crescita individuale. Attraverso la Ricerca sul Soggetto e sull'Oggetto ed un'educazione volta allo sviluppo del pensiero individuale critico ed indipendente, libera da condizionamenti propagandistici, si produce una base elettorale *competente* che, con il passare delle generazioni, si consolida al punto da essere inespugnabile per qualsiasi iniziativa propagandistica regressiva.

⁝

L'INGANNO DELLE DICOTOMIE

La propaganda, nell'accezione neutra di promozione di idee o movimenti, è lo strumento più comune per influenzare il consenso intorno allo scopo sociale ed ai mezzi per conseguirlo. Può dispiegarsi tanto come sostegno manifesto a teorie o intenti quanto come diffusione dissimulata degli stessi tramite giornali, televisione, radio, web, cinema, letteratura, musica, arte in genere, educazione e così via.

Quando gli interessi generali confliggono con quelli di pochi potenti (e del loro *entourage*), questi possono cercare di influenzare il consenso, come qualsiasi altra parte politica, per mezzo della propaganda. La sua intensità dipenderà dalla disponibilità di risorse finanziarie e mezzi d'informazione. Essa promuoverebbe apparentemente cause giovevoli per la comunità, mentre celerebbe il perseguimento di interessi di parte.

La propaganda, in quanto strumento disponibile in maggiore o minor misura a tutti i gruppi di interesse, non assicura la conquista del consenso. Specialmente nell'era della comunicazione libera globale, di internet e dei *social media* (a condizione che non siano soggetti a censura), il denaro ed il controllo della stampa non garantiscono il successo di una campagna. Oltretutto, la popolazione, delusa a più riprese da promesse disattese, ha sviluppato un atteggiamento scettico e refrattario verso le propagande dirette ed un certo disinteresse, nonché disillusione, nei confronti della politica.

Quando si gioca una partita, vi è sempre la possibilità di perdere, a prescindere dal grado di superiorità dei propri mezzi rispetto all'avversario. Per escludere completamente la sconfitta, le vie logicamente percorribili sono solo due: (1) non giocare; (2) essere tutti i giocatori allo stesso tempo, ossia giocare contro se stessi.

L'applicazione di (1) in democrazia consiste nel privare il consenso del suo ruolo fondamentale, ovvero sottrarsi al gioco della conquista del consenso, che è il gioco democratico stesso. Il modo per farlo è far sì che le parti politiche si spartiscano quote equivalenti di elettorato. Si limita la conoscenza e la capacità logica degli individui e si alimentano le rivalità, per assicurare la discordia in seno alla popolazione sullo scopo sociale da perseguire ed i mezzi per farlo. È la strategia del *divide et impera*, tra i due litiganti il terzo gode.

I politici strumentalizzati, invece di discutere compromessi per scongiurare stalli disastrosi nella gestione dello Stato, indulgono in contese televisive e si oppongono ad oltranza contro qualsiasi iniziativa promossa dall'altra parte, mortificando la propria missione di funzionario pubblico al servizio della comunità.

La popolazione è spaccata su due fronti opposti, come tifoserie sportive, senza rendersi conto di appartenere alla stessa squadra ed ammettere che vi sono idee e valori positivi da entrambi i lati. Si produce una sorta d'insania politica, in cui si identifica nella controparte solo una minaccia piuttosto che una risorsa.

Questo scenario, nel quale si riconoscono tutte le democrazie occidentali alle prese con problemi di governabilità dovuti alla mancanza di maggioranze solide, dà adito all'intervento di gruppi di interesse, "governi tecnici" e ogni altra forma di ingerenza esterna *non democratica*. Qualcuno si sente addirittura giustificato ad affermare che la democrazia non funziona.

La seconda maniera per sottrarsi al gioco democratico è rappresentare tutte le parti in gioco. A prescindere da chi vinca la partita, i propri fini sarebbero perseguiti in ogni caso.

Un centro di potere privato può assicurarsi i servigi di esponenti di tutti i partiti maggiori, cosicché il risultato elettorale sia sostanzialmente ininfluente.

In alcuni Paesi la classe politica si è consolidata ed isolata dalla popolazione tanto da rappresentare essa stessa un gruppo di pressione, che persegue propri interessi di classe. In questo caso le "parti" mettono in scena lo scontro, ma dietro le quinte vanno a braccetto.

Entrambi gli espedienti sono necessariamente onerosi. Per massimizzarne l'efficienza, si deve anzitutto ridurre la quantità di giocatori al numero minimo possibile: due. Ciò facilita sia la spartizione del consenso che il controllo delle parti. Ci si ritrova così con Destra contro Sinistra, Nord contro Sud, Repubblicani contro Democratici, Conservatori contro Laburisti, Capitalisti contro Socialisti, Fascisti contro Comunisti. Queste sono dicotomie di comodo, artificiali ed arbitrarie, che non rappresentano nemmeno lontanamente l'infinita variabilità tanto del pensiero umano quanto della realtà. Sono strumenti di *controllo* della popolazione.

Un sistema rigidamente bipartitico *non* è democrazia. Costringere ogni indirizzo politico a confluire in due raggruppamenti e a sottostare alle loro dinamiche di potere interne *non* è libera scelta dei propri rappresentanti.

A dimostrazione della fallacia di tali dualismi, il livello di contraddizione è talmente elevato che l'elettore medio non è nemmeno in grado di comprendere a quali principi facciano capo l'una e l'altra fazione. Banche di investimento ed aziende multinazionali, le stesse che incarnano il lato peggiore del capitalismo, sostengono partiti di sinistra e *liberal*. Ex socialisti e comunisti guidano partiti di destra. Esponenti storicamente liberali appoggiano i tecnocrati.

Capitalismo radicale e comunismo sono ideologie regressive che conducono al medesimo risultato: l'assoggettamento della società a pochi individui. Il primo, proponendosi apertamente l'obiettivo dell'*arricchimento materiale personale* (ben diverso dallo Scopo del *benessere individuale*) a scapito degli altri valori, giustifica condotte abiette e oppressive. Il secondo persegue lo stesso obiettivo, ma in modo subdolo.

Per quanto sorprendentemente spesso ignorato dai libri di scuola, è un fatto storicamente noto che la prima esperienza comunista in età contemporanea (quella sovietica) è nata dal tentativo tedesco di destabilizzare la Russia. Fu infatti la Germania imperiale a permettere il rimpatrio dell'esule Lenin e a finanziare il suo partito e la sua propaganda.

Per inciso, le due rivoluzioni comuniste principali (quella russa dell'ottobre 1917 e quella cinese del 1946) *non* spodestarono i regimi monarchici (lo zar in Russia e la dinastia imperiale in Cina), bensì soppiantarono governi già repubblicani: la Repubblica Russa, instaurata sette mesi prima con la Rivoluzione di febbraio, e la Repubblica di Cina, sorta dopo la Rivoluzione del 1911. In entrambi i casi, i comunisti sfruttarono un momento di debolezza sistemica dei rispettivi Paesi: la fresca rivoluzione repubblicana in Russia ed il dissesto post-bellico al termine della guerra sino-giapponese.

Il comunismo predica la condivisione e la distribuzione, mentre le sue applicazioni, dall'America Latina all'Asia, hanno realizzato i più imponenti *accentramenti*, accompagnandoli ad idolatria e culto della personalità.

Se il capitalismo può arricchire una classe ed impoverire molti, il comunismo impoverisce tutti. Preferire la sofferenza di un'intera Nazione a quella di una sua porzione, per quanto maggioritaria, è in effetti biologicamente illogico ed insano.

Il comunismo è il frutto di gretti sentimenti di invidia. Il suo motto è "mal comune, mezzo gaudio". Chi lo promuove fervidamente è spinto dalla sete di ricchezza e di potere, che cerca di sottrarre al prossimo con l'inganno della sua ideologia. Se non può godere di quella ricchezza per non svelare la sua frode, preferisce negarla a tutti.

Il motivo primario per cui il comunismo produce invariabilmente miseria è che è un'ideologia mendace, il cui scopo inespresso è l'assoggettamento degli individui. Il secondo motivo, che è uno dei modi con cui viene realizzato quello scopo, è che viola lo scambio equo e le regole del rapporto produzione-denaro: remunera la non produzione e non retribuisce adeguatamente la produzione effettiva.

Chi abbracci il comunismo non è necessariamente insano. Spesso si tratta di persone che desiderano un mondo giusto e solidale, oggetto di un raggiro.

Lo sviluppo della Cina è dovuto all'introduzione dell'economia di mercato e dell'impresa privata a partire dagli anni '70. È un sistema ibrido, in cui alcuni eccessi capitalistici sono imbrigliati da un governo vigoroso che non permette agli interessi privati di soverchiare quelli statali. Il retaggio del comunismo è costituito dalle limitazioni alle libertà individuali, l'indottrinamento, il controllo dell'informazione e la repressione violenta delle minoranze.

⁝

IL CAMBIAMENTO

L'Uomo non è avvezzo al *cambiamento*. La sua natura spirituale trascende il tempo, il suo ingrediente chiave. Il cambiamento è movimento, per natura confligge con la staticità dell'Io.

Settant'anni di pace, democrazie indirette e benessere fanno sembrare l'Occidente un rifugio a prova di guerra, tirannia e miseria agli occhi ingenui di chi non concepisce il cambiamento. In realtà, equivalgono all'aspettativa media di vita di un uomo, cosicché una sola generazione potrebbe dire di avere iniziato e terminato la propria in relativo agio.

In questo Universo, il cambiamento è costante. La conservazione dello *status quo* è un'illusione. Il cambiamento è prodotto dai più attivi, gli altri lo subiscono solamente.

La *direzione* del cambiamento dipende da *te*.

Un giorno, il Mondo sarà degli onesti. Le sue condizioni dipenderanno dal senso di urgenza che gli individui traggono dalla situazione attuale e dalla dedizione allo Scopo. Sarà un eden abitato da una società numerosa, florida e progredita, o un pianeta deserto abitato da una tribù di superstiti?

Ci si può sentire soli, inascoltati, ignorati, ultimi, ma le idee sono più contagiose di un virus. La Verità, come l'acqua, trova sempre una via nella roccia.